新时代高校教师发展路径的理论研究

潘奕羽 ◎ 著

北方文艺出版社
哈尔滨

图书在版编目(CIP)数据

新时代高校教师发展路径的理论研究 / 潘奕羽著.——哈尔滨：北方文艺出版社，2023.4
ISBN 978-7-5317-5879-2

Ⅰ.①新… Ⅱ.①潘… Ⅲ.①高等学校–师资培养–研究–中国 Ⅳ.①G645.12

中国国家版本馆CIP数据核字(2023)第059648号

新时代高校教师发展路径的理论研究
XINSHIDAI GAOXIAO JIAOSHI FAZHAN LUJING DE LILUN YANJIU

作　者 /	潘奕羽		
责任编辑 /	滕　蕾	封面设计 /	左图右书
出版发行 /	北方文艺出版社	邮　编 /	150008
发行电话 /	(0451)86825533	经　销 /	新华书店
地　址 /	哈尔滨市南岗区宣庆小区1号楼	网　址 /	www.bfwy.com
印　刷 /	廊坊市海涛印刷有限公司	开　本 /	787mm×1092mm　1/16
字　数 /	76千	印　张 /	6.25
版　次 /	2023年4月第1版	印　次 /	2023年4月第1次印刷
书　号 /	ISBN 978-7-5317-5879-2	定　价 /	57.00元

前 言

党的十九大报告中指出,建设教育强国是中华民族伟大复兴的基础工程,而其中高等教育的地位被提到了前所未有的高度。高等教育在新时代承担着新的使命,目标更高了,任务更重了,需求也更迫切了。对于高等教育系统而言,中国特色社会主义的道路自信、理论自信、制度自信和文化自信要转化为教育自信,因为当前我国高等教育已经开始迈入世界高等教育发展的第一方阵,已经开始与国际高等教育的最新发展潮流走在同一频段,有共同的关注焦点——教育质量,有共同的发展理念——学生中心,世界高等教育开始倾听中国声音、融入中国元素,我们与世界高等教育的关系已经由单纯的追赶、借鉴、跟跑变成了追赶与超越、借鉴与自主、跟跑与领跑的交织交融,我们已经有了与世界高等教育的平等对话,已经开始用中国标准评估、认证世界高水平大学。

百年大计,教育为本;教育大计,教师为本。教师是教育发展的根本,是高校落实以德治国方略、推进素质教育、明确培养什么样的人、如何培养人以及为谁培养人的直接实施者,高校教师的思想政治素质、道德情操和业务水平直接影响着学生的世界观、人生观和价值观的养成,决定着高等学校人才培养的质量,关系着国家和民族的未来。高等学校要充分认识到建设一支党和人民满意的、师德高尚、业务精湛、结构合理、充满活力的高素质教师队伍是极为重要的,因为教师队伍在教育事业乃至整个国家和民族发展中都具有至关重要的战略地位,他们是教育的改革者和主力军,他们最了解学生的需求、最熟悉教育的问题。当前,我国高等教育要想不断变大变强,重中之重是高校教师队伍的建设与发展。教师素质的全面提升,对于提高高等教育质量、推进高等教育事业科学发展,培养中国特色社会主义事业的建设者和接班人、实现中华民族伟大复兴的中国梦具有重大而深远。

高等学校的教师发展工作是一项系统工程,科学有效、切实可行的教师发展路径是提升教师教学能力和教师队伍综合素质的有力保障。高等学校要紧紧围绕教师的切实。

目 录

第一章 新时代高校教师发展的基本理念 ……001
  第一节 师德为先 ……001
  第二节 学生为本 ……006
  第三节 能力为重 ……010
  第四节 终身学习 ……016

第二章 新时代高校教师发展的内容 ……019
  第一节 教师专业知识 ……019
  第二节 教师专业情感 ……022
  第三节 教师专业发展 ……026

第三章 新时代高校教师发展规划 ……034
  第一节 教师专业发展阶段 ……034
  第二节 教师专业发展规划 ……037

第四章 新时代高校教师发展与教育研究 ……043
  第一节 叙事研究与教师发展 ……043
  第二节 行动研究与教师发展 ……056
  第三节 教学研究与教师发展 ……060

第五章 新时代高校教师反思性教学 ……064
  第一节 反思性教学的内涵 ……064
  第二节 反思性教学的实施方法与形式 ……068
  第三节 反思性教学的有效策略 ……070

第六章 新时代高校教师自主发展……074
第一节 高校教师自主发展的本质……074
第二节 高校教师自主发展的结构与基础……081
第三节 高校教师自主发展的实现策略……085

参考文献……091

第一章 新时代高校教师发展的基本理念

第一节 师德为先

教师是一种特殊的职业,不仅具有传道、授业、解惑的职能,而且教师言行举止会影响学生发展。为人师者先正其身后育人,教师要以高尚师德、人格魅力、学识风范教育感染学生,把社会主义核心价值体系融入人才培养全过程,使每一位学生都能够成为对国家、对社会、对人民有用的人才。

一、当前师德教育现状

新时期,随着国家经济的快速发展,国家教育经费的大力投入,社会公众对教育的期望值也随之加大。教师队伍素质,尤其是师德越来越成为社会公众关注的焦点和热点。不可否认,当前广大中小学校的师德教育开展得有声有色,教育工会、共青团、教职工代表大会等充分利用各种载体广泛开展各种形式的群众性师德建设活动,取得了一定成效。但由于当前学校师德教育与教师专业发展的结合存在以下两个方面的问题,师德教育存在一些不尽如人意之处,尚未达到其应有的实效。[1]

1.师德教育内容偏重职业道德中的共性部分,没能突出教师专业化中的特殊道德要求

师德是指教师的职业道德,是教师在从事教育劳动时应遵循的行为规范和必备的品德。当前,中小学校普遍重视师德教育,一般由学校党支部书记直接负责,学校师德教育活动开展得不少。但总体而言,其教育内容较多注重各行各业职业道德中共性方面的学习和宣传,如师德规范中的"爱国守法""爱岗敬业"宣传得较为深入,而作为促进教师专业发展的特殊的师德要求,如"关爱学生""教书育人"等的学习相对薄弱。这种现象

---

[1]许燕蔺.立德树人,师德为先[J].新教育,2018(25):1.

具体表现在两个方面：一方面学校师德培训侧重于教师的政治思想素质提升，多与党员教育活动相结合开展，而体现教师专业道德方面的培训活动少。另一方面，学校的师德教育以配合响应各级党政部门、教育工会组织的师德建设活动为主，缺少教师自身职业的特色。反映教育活动特殊要求和特殊方面的行为调节的教师道德教育相对太少，真正触及教师作为"人类灵魂工程师"的职业特点和特殊责任的师德教育开展力度不够，师德教育没有切实发挥出对教师专业化发展的促进作用。

2.师德教育趋于简单化和形式化，没有深入到教师专业发展的实践过程来开展

当前，中小学校虽然十分重视师德教育形式的多样性与创新性，借助各种载体如展览、报告团、演出等开展宣传和学习，以使教师群体形成一种职业的道德习惯。但有些学校往往把开展形式多样的师德教育活动，创新师德教育形式作为学校师德教育追求的目标，忽视了师德教育与教师专业知识、专业技能等的结合，脱离了具体工作和任务实体，使得师德理念、师德规范缺乏具体可操作性，不够务实，以致成效不大。如有些农村中小学校"拖堂"现象屡禁不止，教师甚至视"拖堂"现象为爱岗敬业、有较强工作责任心的表现。这是教师没有真正领悟到"爱岗敬业"背后的教师职业中"关爱学生"的特殊师德要求，是师德教育没有与课堂教学实践过程有机融合的体现。

二、师德教育未能深入到教师专业化发展层面开展的成因分析

当今的社会是个信息爆炸的社会，教师的专业知识技能和教育能力面临着全新的挑战。新课程改革三位一体教学目标的达成，学生科学思维、创新意识和探索精神的养成，特别是学生获取信息的多通道特点与学生成长环境复杂化的严峻现实，这些都要求现代教育必须将人性的因素纳入教育的目标体系中。现代教育中的教师不仅要有丰富的知识、精湛的技能，还要有高尚师德，才能以"人格魅力和学识魅力教育感染学生，做学生健康成长的指导人和引路人"，才能不辱使命，承担起延续知识、延续思维、延续文明的重任。在这种背景下，师德教育与教师专业发展紧密结合，就显得尤为迫切和必要。师德教育与教师专业发展两者相辅相成，相互包容。教师专业发展包含师德的提升，师德是教师专业持续发展的根本动

力,对教师职业生涯有着重大意义。加强师德修养,可以使教师在对学生实施教育教学行为时,发挥自身作为教育资源的最大功能。在高尚师德引领之下,必定有精湛师能的产生。因此,加强师德教育能促进教师的专业化发展。而提高教师专业能力,提高教师教育教学水平,也是提高教师师德素养的重要途径。现代教育中教师的职责使命迫切需要师德教育与教师专业发展有机融合,相互促进。当前师德教育未能深入到教师专业化发展层面开展,有一定的历史原因。

(一)师德教育与教师专业发展的不同研究历史导致了两者的脱节

我国的师德教育源远流长,师德教育研究远远早于教师专业化发展研究。可以说,在我国,自从有教师的产生就有了相应的师德要求。教师专业发展问题研究,是国际教育界中一个不断蓬勃发展的研究领域,兴起于20世纪70年代的欧美国家,我国在20世纪80年代末开始关注这一研究领域,并加大了教师专业化教育制度的改革。1994年1月,我国开始实施的《中华人民共和国教师法》,第一次从法律上确认了教师的专业地位。可见,我国教师专业化研究历史要短得多。由于我国教育传统重在师德研究,形成了自身的研究思维路线,这在一定程度上造成了与自西方引入的现代教师专业发展研究实践相互脱节。

(二)教师专业化研究中出现的"技术化"倾向导致师德教育难以深入

教师专业发展层面开展,这里的"教师专业发展"指促进教师的专业成长的过程(教师教育),它已成为传统的"师范教育"与"教师在职进修"概念的整合与延伸。国际教育界关于教师"专业化"的探索交织着现代主义与后现代主义思潮的冲撞。我国教育界更多关注的是现代主义范畴的"教师形象"。教师是一门职业,更是一门专业,教师是应该具有一定专业技术的人员,需要进行教学行为上的技能训练。因此,我国在20世纪90年代初期,也倡导了同样的基于行为主义的教师技能训练——所谓教师的"职业技能训练",包括普通话技能训练、书写规范汉字和书面表达技能训练、教学工作技能训练、班主任技能训练等等。20世纪90年代末期,以信息技术武装学校教育的进程加快,但"教师专业化"的进程仅仅局限于学校层面的"信息技术的武装",或是教师个体的"职业技能训练"现代主义范畴的教师教育,用"技术化"来驱动教师的"专业化",强调对教师的控制和教师教育的效率,使教师普遍重视教学技能的训练,而相对轻视师德的修养,这在一定程度上阻止了师德教育向教师专业化层面深入推进。

三、师德教育促进教师专业发展的实现路径探索

从教师角度来说,除了良好的教学技能、管理技能之外,拥有良好的师德才能符合社会对自身的期待。作为教师培训机构、中小学校的师德教育工作者,在教师继续教育工作中,可以从以下两个方面来加强师德建设。

(一)师德教育要重视与教师专业情意提升相结合

教师专业素质要求应涵盖三个基本范畴,即教师专业知识的发展、专业技能的娴熟、专业情意的健全。在教师专业发展过程中,教师专业知识和技能很受重视,而专业情意却一直被忽视。其实专业情意就是师德的集中体现,它是教师对教育事业的情感态度与价值观的融合,可分为专业理想、专业情操、专业性向和专业自我四个方面。我国有关专业情意的研究,近年来才开始逐渐被重视,并且把它作为提升师德的关键。有调查研究表明,87.3%的特级教师在从教后的1~10年时间段里喜欢上了教师职业,而普通教师仅为64.6%;有70%的特级教师至今未厌倦教师职业,而普通教师仅为45%。可见,在特级教师身上,师德已经成为他们从事教师这一职业的源源不断的动力,使他们终身从教爱岗。加强师德教育与提升专业情意相结合可以从以下几方面入手:

一是加强学校文化建设,促进教师专业情意的生成,提升教师的道德修养。浓厚的学校文化氛围,可以陶冶教师的情操,可以很好地提升师德修养。因此,就学校而言,要加强师德建设,就需要在校本研究和校本管理中建设能够提升教师专业情意水平的学校文化,建立促进教师专业情意生成的动力机制来助推教师专业成长。

二是加强教师心理疏导,及时杜绝教师专业情意问题的产生,消除教师的道德困惑。教师要获取专业的发展,首先要有自我专业发展的需要和意识。然而工作生活中的一些压力事件会导致教师产生一些心理问题,在专业情意问题方面表现为教师对专业理想的动摇、教育责任感的松懈、自我评价的降低等。因此,在师德教育中要特别重视教师的个别心理辅导工

作,关注年轻教师入门见习期和成长建构期、部分教师的专业挫折期和稳定更新期,及时排除教师专业情意问题的产生。

三是多开展"教师经典阅读行动",持续强化教师专业情意的提升,培育教师的专业操守。有关研究表明,开展"教师经典阅读行动",建立以经典阅读为支持的教师职后教育模式,通过人文经典、教育学经典、学科经典书籍的阅读,可以强化教师的专业情意,提升教师的精神境界,锻造教师的人文与科学综合素养,培育教师的专业操守。这也不失为加强学校师德教育的好途径。

(二)师德教育要注重与教师的专业知识技能发展紧密结合

已有学者指出"师德是隐含于教师的专业能力之中,体现在教师的教育教学过程之中,是通过教师的实践智慧呈现出来的"。师德教育要落到实处,就必须深入教学实践,让师德与教师专业技能紧密结合形成"合金",从而成为教师专业化的有力助推器。为此,师德教育工作者要注意以下几个方面的结合。

首先,要从师德教育的内容上结合,拓展师德教育的内容。师德教育不简单等同于教师职业道德规范和法律条文的学习。开展师德教育,教师除了了解一般的道德规范,还要确立与时代相通的教育理念,拥有综合性的知识结构、良好的沟通能力、综合性的人文涵养,从而使专业知识技能提升与师德修养提高相互促进。

其次,要从师德教育的形式上结合,尽量做到师德教育的无痕。由于传统师德教育有时过于注重形式,有些活动本身就容易引起教师的视听疲劳、情感倦怠,甚至排斥心理。因此,师德教育工作者要将师德教育润物细无声地渗透到教育教学的各个环节中去,通过促进教师专业发展来达到师德教育的效果,"从而使教师的师德达到道德情感上的自愿,对道德教育客体达成理解和认同,将实现道德价值的过程看成自我价值的实现,当作内心愉悦的享受,看作自己生命的一部分"。

最后,要从师德教育的载体上结合,找准师德教育的有效载体。如果硬性地将道德伦理规范和要求从教师专业发展的各种载体中剥离开来,师德教育就是缘木求鱼。因此,加强师德教育,关键是学校要针对各自实际,找准载体,将师德建设和教育教学结合起来,以德促能,以能表德,引导教师全身心钻研教育教学规律,全方位改革教育教学方法,提高教育教学质量。除了传统师德教育的载体之外,还要根据需要学会运用课例研究、课程开发、教学反思等新的载体,使师德教育与教师专业发展有效衔接。师德教育,只有依托于教师专业能力,贴近教学实际,使教师明确"为什么这样做",才能使教师对师德感到更可信,更能引起共鸣和产生实际效果,从而有力地促进教师专业的发展。

第二节 学生为本

一、从学生的发展出发

所谓"以学生为本",就是要把学生,特别是学生的发展作为教育活动的本体,一切教育活动都从学生的发展出发。这是"以学生为本"教育理念的逻辑起点。"以学生为本"的教育理念是对人类思想史上人文主义、人道主义思想传统的批判继承,是针对当今社会和现代教育中出现的人的物化的弊端,并基于教育的本质而提出的。教育这种培养人的社会实践活动,是"直接以塑造和建构主体自身为对象的实践领域"。虽然教育具有本体功能和社会功能两大功能,但"教育社会功能的作用大小,取决于国民素质的提高,取决于建设人才的培养。教育的本体功能是教育社会功能的根据。没有教育的本体功能,也就谈不上教育的社会功能,两者的关系是承续关系、因果关系,不是教育的平列的两种功能。社会功能是本体功能的社会呈现形式"。也就是说,教育的最终目的是培养人,是促进学生的发展。

二、让学生得到全面和谐发展

"以学生为本"的教育理念在本质上强调促进学生的发展,这里的发展是马克思主义所讲的人的全面发展。马克思主义关于人的全面发展理论主要包括:一是人的体力和智力都得到充分的发展和运用,其他方面的能力也在此基础上得到充分发展和运用;二是人的体力和智力在充分发展的基础上结合和统一起来;三是人各方面能力的发展逐步向熟练地掌握和运用一切自然和社会发展规律方向前进。

当代人的全面发展应包含人的自然性与社会性、体力与脑力、生理与心理的全面、和谐、统一的发展。现代教育必须培养全面发展的人,现代社会市场的扩大、交往的广泛化以及个人自由时间的增加也为人的全面发展提供了客观条件。在现阶段,我国还存在一些制约人全面发展的不利因素,如我国尚处于社会主义初级阶段,人们还没有足够的闲暇时间来充实和完善自己;市场经济的竞争性和追求利益最大化的特点也可能使人变成"经济人"和单向度的人;教育中的应试主义倾向;等等。应试主义的倾向使部分学校在教育教学中片面重视学生知识的学习,忽视学生能力的培养,忽视良好道德品质和正确人生观、世界观及良好的心理素质的养成。在过重的课业负担影响下,学生的身体素质得不到提高。正因为此,"以学生为本"的教育理念更加强调促进学生的全面发展。

三、让全体学生都得到发展

让全体学生都得到发展是素质教育的必然要求。现代教育的一个重要特征是民主化。教育的外部民主主要体现在教育的普及,教育的内部民主主要表现为让全体学生都得到发展。每一个学生都有独特的个性和能力,每一个学生都有权利要求接受适合其个性特点的教育,实现个人的价值。这就要求我们的教育尊重每一个学生,尊重每一个学生的个性、特点,为每一个学生提供平等的机会、资源。从宏观上讲,长期以来,我们重视重点学校学生的发展,忽视一般学校学生的发展;重视重点班级学生的发展,忽视普通班级学生的发展;重视城市学生的发展,忽视农村地区学生的发展;重视经济发达地区学生的发展,忽视经济欠发达地区学生的发展。从微观上讲,重视班里成绩好的学生的发展,忽视成绩一般或成绩较差学生的发展。这样的教育重视的只是少数学生,与"以学生为本"的教育理念不符。让全体学生得到发展是实现社会公平特别是教育公平的根本要求,是"以学生为本"教育理念的基本内涵。为此,必须实现教育资源在不同地区、学校、班级之间的公平配置,给予全体学生同等的关爱。

四、让学生主动发展

"以学生为本"不但强调让全体学生都得到全面发展,而且要求这种发展还必须是学生的主动发展。主动发展的教育思想在古今中外教育发展史上一直存在。现在,人的主动发展比其他任何时候都显得必需和重要。知识经济的主要推动力是人的知识、智慧、能力等,它要求人拥有主动获取知识、主动适应环境以及创新等能力。正因为此,教会学生学习、促进学生积极主动的发展是世界各国教育改革的共同目标。促进学生主动发展,要特别关注学生发展的内发性和能动性。所谓"内发性",是指学生的发展出自个人内心的要求,而不是被迫的。所谓"能动性",是指学生在发展中表现出创造性。我们不但要教给学生知识,还要教会学生自己获取知识,培养学生对知识的渴求;不但要培养学生的学习能力,还要培养学生的自我意识、自治能力以及自觉性、主动性等品质。

五、让学生个性得到充分发展

改革开放以来,我国也在各类教育改革文件中强调重视学生的不同需要、特殊兴趣和不同才能的培养。但在实际的教育实践中,仍然较为严重地存在着不尊重学生个性、不注重学生个性发展的状况。"以学生为本"的教育理念强调尊重学生的个性,充分开发学生的各种潜能,使学生获得有个性、有特色的发展。

六、让学生实现可持续发展

可持续发展原是环境保护的一个基本理念,现已迅速成为得到国际社会广泛认同并推崇的全新发展观。社会的可持续发展,基础在于人的可持续发展。随着人类社会进入学习化社会以及终身教育思潮的兴起,人的受教育阶段不再局限在在校期间,发展也成为终身的事情。这就要求教育进行变革,以实现学生的可持续发展。学生的可持续发展具体包括以下内容:

一是适应性发展。就是让学生具有适应当前以及未来社会、生活、职业等方面发展变化的能力。

二是潜能发展。在哲学意义上,人的可持续发展意味着人是未完成的、有待不断完善的社会存在物。也就是说,每个人都有多方面的潜能,教育就是要使人的潜能得到不断的、最大限度的发展,从而不断完善自我。

三是连续发展。学生的发展应是非间断的、连续的发展,今天的发展是日后发展的前提和基础,对学生的一生发挥着持续的影响。

四是协调发展。学生的发展应实现与周围环境以及自身内部的协调，如生理与心理的协调、人格各方面的协调等。

七、充分发挥教师的主导作用

"以学生为本"的教育理念虽然强调学生的主体作用，但并没有因此而否定教师的主导作用。"以学生为本"与充分发挥教师的主导作用不是矛盾对立的，而是和谐统一的。长期以来，我们没有处理好两者的关系，要么片面强调教师而忽略学生，要么只重视学生而否定教师的作用。笔者以为，只有充分发挥教师的主导作用，才能真正做到"以学生为本"；发挥教师主导作用是以学生为本"的必要条件。有人说："他用一种爱的力量、真理的力量、向上的力量去影响和感染或制约学生，用一种关切去解决学生主动发展中需要解决的一切，比如必要的规则和工具性材料，包括知识。"教师的知识、人格等会潜移默化地影响学生。坚持"以学生为本"，强调发挥学生的主体性，同时对教师如何发挥主导作用提出了更高的要求。

八、充分发挥教育的社会功能

长期以来，教育的价值取向有两种：教育社会本位论和教育个人本位论。我们强调"以学生为本"，不等于否定教育的社会功能。现代教育应实现个人发展与社会发展的有机统一。教育只有把学生放到本体地位，才能真正促进学生的发展，培养全面、主动、可持续发展的人，实现教育的本体功能；只有让学生实现充分的发展，才能培养符合社会需要的人才，促进整个社会的发展，实现教育的社会功能。同时，教育要受到社会的影响和制约，教育总是按照社会的要求来培养人才，因此"以学生为本"绝不能脱离现实的社会条件，充分发挥教育的社会功能也是"以学生为本"教育理念的内在要求。综上所述"以学生为本"的教育理念是指我们的教育要从学生的实际出发，注重发挥教师的主导作用，重视教育的社会功能，着眼于学生的发展，使学生获得全面、主动、有个性的可持续发展。

第三节 能力为重

教师专业能力直接影响教育教学实践效果,是教师专业水平的重要表现。教师能力标准是形成、发展和评价教师专业能力的依据,也是教师教育、教师教育课程设计以及促进教师专业发展的各种努力的重要依据,因此在国内外教师教育、教师专业发展的理论与实践研究中备受关注。本节尝试通过教师能力标准理论模型,呈现我们关于教师能力标准的实质性内涵及其形成机制的理解。[①]

一、教师能力标准的理论界定

(一)关于"标准"的理解

《辞海》对标准一词的基本定义是:①衡量事物的依据或准则;②榜样,规范。对于教师能力标准的理解,应当完整体现标准的基本含义,既是评鉴的准则,也是工作的导引。基于这一理解,教师能力标准应具有工作标准、评价标准、认定标准、发展标准等四个方面的意义和功能。作为工作标准,它是教师在教育教学中取得实践效果的有效导引;作为评价标准,它为检查、评估、鉴定和诊断教师取得实践效果的能力水平提供基本准则;作为认定标准,它为以专业能力水平确认教师资格提供认定依据;作为发展标准,它为形成和发展教师专业能力提供方向性、规范性要求。

以上是从标准性质功能角度所做的界定。这一界定体现了标准作为榜样、规范的引导性意义和作为衡量准则的评鉴性意义的结合,强调了标准不仅适用于管理评价和资质认定,而且具有形成和发展教师专业能力和引导教师日常教育教学工作实践的职能。这一理解,形成了对标准研究的基本定向,对于本研究的设计和实施具有重要的奠基意义,对于研究教师能力理论模型的构思也提出了方向和要求。同时,这一理解,对于推进教师专业标准建设也有现实的意义:它可以有效避免把教师能力标准仅仅作为评价标准可能导致的种种误解。

[①]徐军.情感引领 能力为重[J].中华少年,2018(29):88.

(二)关于"能力"的理解

关于能力的内涵性界定国内研究以心理学角度的界定较为多见,认为能力是人的某种个性心理特征。关于教师能力的界定,也是较多沿用心理学概念,认为"教师能力是指教师在教育教学活动中表现出来的、直接或间接影响教育教学活动的质量和完成情况的个性心理特征""是在实践中发展起来的、反映教师职业活动要求的能力体系"。

在众多的关于教师能力和教师能力标准的研究中,对教师能力的界定是以外延性描述呈现的。

国际培训、绩效、教学标准委员会将能力标准定义为:一整套使得个人可以按照专业标准的要求有效完成特定职业或工作职责的相关准备、教学方法与策略、评估与评价、教学管理等能力维度提出各项能力以及具体绩效指标。

分析以上相关研究现状,可以看到存在的主要问题是:在能力的内涵、结构和外延性描述之间缺少内在一致的解释环节。外延的罗列并不能使实质性内涵得到明确的呈现;与此相关联,内涵不明确的外延表现组合也不能为自己作为教师能力的结构体系提供合理的依据,无法为自己确定的维度、条款做出超越经验的解释,无法论证自己的体系何以可能完整和无偏失地呈现教师应有的能力。因此,关于教师能力的实质性内涵是什么的问题是不可回避的。本研究尝试选择教师专业意识作为建立教师知识、技能和情感态度,分别以专业基础、计划与能力理论模型的出发点。做出这一选择的依据是:教师专业能力主要是精神形态的心智能力。意识是人的一切精神活动的原初形态,又支配和伴随着人的行为、活动的发生与延续。因此,人的心智能力作为在人的活动行为中表现出来的特质,最终可以归结为意识。于是,存在这样的可能性,即可以由意识获得教师专业能力实质性内涵的理论界定:教师专业能力是在教师专业活动与行为中表现出的专业意识品质。教师专业能力在实质上是教师专业意识的外化、对象化显现。在这一界定中,对"在行为中表现出来的究竟是什么"的问题,针对教师专业活动特点,给出了明确清晰的实质性内涵的回答:是意识,是教师的专业意识品质。它既在教师之"教"的行为中显现,也是"教"的行为的动因、来源。关于教师能力的这一理论界定,有条件成为建立教师能力内涵界定与外延表现之间解释关系的有效路径,同时也启示:教师专业能力可以由意识品质的养成获得形成与发展的可操作途径;可以由此获得教师能力在行动中可观测的具体表现。按照这一基本思路,形成本课题"教师能力标准理论模型"。本研究所要求的引导性、评鉴性合一,工作标准、评价标准、认定标准、发展标准合一的教师能力标准体系,将在这一理论模型基础上开发完成。

二、教师能力标准理论模型

(一)教师能力标准理论模型概述

教师能力标准理论模型以"教的理论—教的意识—教的行为"作为教师能力的基本构成,使教师能力得以完整地体现。同时,三者之间的关系也表示教师能力构成的基本机制。在这里"教"是指教师之教,这是一个简略而不失根本的表达。"教的意识—教的行为"体现的是我们的理论界定:教师专业能力在实质上是教师专业意识的外化、对象化显现。教的行为由教的意识引起和支配,并总是有教的意识相伴随。同时,"教的行为"也是"教的意识"的即时觉察。"教的理论—教的意识"体现"教"作为专业的特质。"教的意识"作为意识,在形态上并没有不同于一般的人的意识,但作为专业意识,它确有其不同于一般的内涵和来源。"教的意识"是由"教的理论"的内化而形成的。教师正是因为拥有"教的理论"内化而成"教的意识",才使他们拥有不同于其他群体不可替代的专业性。从这个意义上说,教师专业化的实质,就是拥有"教的理论"内化而成"教的意识"。"教的意识"是由"教的理论"引起的,但"教的理论"并不仅仅是一个启动的"开关",在开启之后便束之高阁,而是内在地蕴含于"教的意识"之中,内在地构成着"教的意识"。因此,教的意识又总是拥有着教的理论的意识,这不仅使它得以引起专业的教的行为,而且,也指向教的理论,持续不断地增强着对教的理论的拥有。这样一种交互作用的联系表现出"教的理论—教的意识—教的行为"三者关系所代表的教师能力构成的基本机制:教的理论引起教的意识,教的意识引起教的行为;同时,每一个"引起"关系,都不仅仅是开启,而是既引起又内在拥有的关系。教的行为中内在地拥有引起行为的教的意识,并内在地引起教的行为所拥有的教的意识中,又同样内在地拥有教的理论。在这里还要说明,虽然我们为了便于表达而依次叙述,但真实的内在拥有并不存在层级的间隔,而是已经内化而浑然一体。"教的理论—教的意识"就是这样内在于教的行为,构成着教师的专业素养,在教育教学的实践中表现为教师的能力。这样一种内在拥有的关系并不仅仅在总体机制中存在,实际上它是深入模型的每一细节,是本模型始终处处贯彻的理论逻辑。建立这样一种逻辑的理解,才能理解本模型对于教师能力的呈现。

(二)关于教的理论

教的理论在本模型关于教师能力的呈现中,处于起点的位置,它之所以可能按照本模型的理论逻辑,具有既引起教的意识,同时又内在于教的意识,最终也内在于教的行为的内在拥有关系,是因为它自身原本就拥有构成这种内在拥有关系的内在前提。在模型中,教的理论是由教育学、哲学、人文社会科学、自然科学、所授学科知识体系组成的解释—支持系统和自觉的、庄严神圣的追求超越、普遍的态度共同构成的。这种自觉的、庄严神圣的追求超越、普遍的态度使得理论自身具有精神—意识的形态,因而具有与教的意识、教的行为构成内在拥有关系的内在前提。庄严神圣、追求超越、普遍的态度原本就是理论的内在成分,并且是先于作为知识体系、解释系统的理论形态而存在的,是理论形成发展的源头。知识的体系可以划分为不同的学科领域,可以有各不相同的内容,但是任何学科领域的理论都需要有庄严神圣、追求超越、普遍的态度才得以建立。任何学科都没有单一地构成教的理论,教的理论作为教师之教的解释—支持系统,也是由这种庄严神圣、追求超越、普遍的态度从所有可能涉及的方面组织起来并与之相伴随,作为教的理论整体而呈现,通过引起和内化为教的意识对教师之教产生有效的支持,开始形成教师之教的能力。在这个由理论向意识的内化过程中,理论作为庄严神圣、追求超越、普遍的态度的精神—意识形态,再次表现出它的根本意义,理论作为教师之教的解释—支持系统,不是机械的、概念的教条,而因为自觉的、有生命赋予的积极的参与,变得充盈、丰满、形象、可感。实现这一过程,正是教师教育的使命。

(三)关于教的意识

教的意识在本模型中处于核心的位置。教的行为由教的意识引起和支配,教的理论也经由教的意识才能对行为发生直接的作用。教的行为主要是有意识的行为,能够对教的行为发生作用的各种成分,最终主要还是经由意识实行的。教的经验，最终也是经由意识引起教的行为。以经验的无意识执行引起教的行为的情况是存在的，教的经验中也有意识及其组合不能完全涵盖的成分，如习惯、技能都有因熟练而自动执行的形态。但是，应当注意到，它们对于教师之教虽然有一定意义，但其发展却是朝着"匠"的操作性行为方向，教师之所以曾被说成是"教书匠"，正是过于凸现了这一方面的成分。本模型更注重的是教的理论引起教的意识，教的意识引起教的行为所代表的教师能力构成的基本机制，以此作为教师之教走向专业化的基本机制。在模型中，从意向、信念、理解、反思四个方面使意识得以呈现和把握，这一呈现结构，并不是严格意义的意识结构，意识的整体不可分割使得意识结构问题扑朔迷离。在这里我们的选择只是为了使教的意识比较便于呈现和把握，以免轻易地以为意识不可捉摸而放弃在这个核心位置展开探索的努力。

  在意向方面，我们着重于意识的构成性、指向性和伴随情感的呈现。构成性是意识最本质的特性，它使意识能够建构意识对象，从而使意识总是处于能动的构成状态。指向性呈现"意识总是关于某物的意识"的特性，它使意识包括其构成性，总是有内容的而不是任何空洞的形式。愿望、期待等通常被理解为意向，体现着意识构成性和指向性的特性，愿望、期待又总是伴随某种情感呈现的。信念作为教的意识成分，体现着教的意识作为专业意识的获得。它不是自发产生的，而是通过专业的教育和训练获得的。作为教的意识的信念，我们强调了教育信念、文明信念和自我信念三个方面，如模型中所说明的，教师专业意识中应包含这样的信念：教育信念，即坚信教育一定是人人可教，事事可教；文明信念，即坚信文明的美好、坚信文明的进步，坚信人对于文明的向往；自我信念，即我的"每时每刻"都是教育——人类文明的实现。本模型中强调了理解具有意识的状态，着重以知识、情感、价值、生活这样一个体现教育与学习过程特点的序列，把握教的意识中的理解。理解是存在的状态。世界如其所是地呈现，为身在其中的人所理解。每一个理解的发生，都经历其最开始的意识的状态。这个开始，既是人类历史中的开始，也是每个人生活实践中每一个相遇的开始。知识、情感、价值以及每一种生活，我们总是与其中的什么事物相遇，在这个相遇时刻的理解是真实的、丰富的（虽然可能不深刻、不准确）。概念的认识发展起来，也融入意识。拥有了概念认识的意识，也就拥有了更深刻的理解。但是,无论概念的认识多么强大地发展起来,都不会改变这个理解在每一个开始时作为意识的发生。

反思作为一种意识,是对自身意识的觉察。反思作为意识,不是指"主体回过头来面对自己,使自己成为主体的客体",而是"在直接激情地对世界本身的交付中,本我自身从事物中反射出来"的"实际——日常的自身理解",是一种"第一性的自身——敞开方式"。本模型采用这一理解,把反思作为教的意识的重要成分,其意义在于,在教的意识中包含着对教的意识自身的觉察。教的意识不是由反思引起的,但却是只有经由反思才被觉察。因此反思作为教师专业意识,具有重要的意义。这样理解反思,是从更本源更实质性的意义上对教师专业作为反思性实践的诠释。本模型反映了反思作为意识与经验的交互作用机制。反思是意识、体验经验发展的环节,经验又可以增强反思的意识品质,从而改善、发展教的意识水平。

(四)关于教的行为

教的行为可以说具有无限丰富的外延。本模型尝试从根本的内涵实质出发,把握教的行为。教的行为总是有意识的形成、发展或变化。其外延虽然可以无比丰富,但总是在拥有了这一内涵实质时,才能够作为教的行为而发生。教的意识就是要意识到每个教的行为都需要引起意识的发生、发展的变化。教师教育为教师养成教的意识,基础教育为新的一代养成称之为"人"的意识。教的意识与教的行为在这里获得一种运行机制上的内在一致,因此而有本模型所坚持的内在拥有的关系。这样一种理解也有利于形成具体地拥有根本的内涵实质的教的行为:每一个教的行为都要有意识的形成。意识的形成是内在的,正如本模型中所强调的教的意识的养成需要"内在拥有"的关系,学生在教的行为引起的意识的发生,也需要这样一种"内在拥有"的关系。因此,教的行为能否有效引起意识形成的一个标志,是看它能否为意识的形成提供可以接纳它的内在前提。最根本、最原初的意识前提具有直观、可感的意识形象,这是教育中总是强调直观性原则的真正来源。但是直观的含义在于意识的发生而不是感官刺激,它并不像引起反应的刺激一样旋即消失,而是成为持久的意识的形象。不同事物也因此导致不同学科领域的意识形象表现着各自学科的性质特点,教的行为之所以需要有关于各个学科领域的深刻理解,其实质就在于保证它所形成的意识形象总是正确地体现着各个学科相应的性质特点。不同意识发展阶段,意识形象的体现可以有不同的形态。随着意识的发展成熟,抽象概念、逻辑同样可以引起意识形象,但教育同样是意识的养成而不仅仅是引起意识发生的概念、逻辑、内容。第一反应正确是学生意识品质形成的体现。教的行为过程是可以在学生的第一反应中得到把握的。

综上所述,可以看到一个教的行为可以执行的内涵逻辑。每一个教的行为都是教的内涵循着这样一种逻辑的展开,当然不是展开一个结论的体系,而是展开教的实践过程。教的行为无比丰富,不是它有多个内涵以致无法把握,而是在于这个明确的内涵在无比丰富的情境中展开时,有着无比丰富的结合。因此,我们认定教的行为可以从根本的内涵实质上得到把握,并由此可以获得教的行为无比丰富的创造。教的行为无须为外延的归纳、分类等纠结耗费精力,因为它只是自身内涵的展开、创造,那些外延的归纳、分类不仅可能挂一漏万,而且在它们尚未完成之际,教师之教已经在从未间断过的展开中有了新的创造。并且,我们还要追问,那些外延的归纳曾经引起过教的内涵的展开吗?不论有怎样的外延归纳,教的内涵都一如既往、如其所是地展开着。外延归纳可能与它接近,也可能相去甚远,但教的内涵从不曾,也不可能为它所改变。

第四节 终身学习

教育与经济社会联系最密切、最直接,随着科学技术的进步和产业结构的调整,教育的内容需要不断更新,职业学校教师必须树立终身学习的理念、"育人"先"育己"的观念,不断学习新知识、新技能、新方法,才能培养出符合时代需要的人才。

一、终身学习的背景

终身学习是指社会每个成员为适应社会发展和实现个体发展的需要,贯穿于人的一生的、持续的学习过程。即我们所常说的"活到老,学到老"。[1]

---

[1] 金凡晴. 终身学习[J]. 求贤,2021(3):31.

第一,新时期社会的、职业的、家庭日常生活的急剧变化,导致人们必须更新知识观念,以获得新的适应力。20世纪50年代末60年代初,正值技术革新及社会结构发生急剧变化的时期。这些巨大变化不仅表现在生产、流通、消费等领域的经济结构、过程及功能方面,甚至还影响到日常生活方式和普通家庭生活,使之也发生了巨大的变化。人们面对的是全新的和不断变化发展的职业、家庭和社会生活。若要与之适应,人们就必须用新的知识、技能和观念来武装自己。终身教育强调人的一生必须不间断地接受教育和学习,以不断地更新知识,保持应变能力,其理念正好符合时代、社会及个人的需求,因此终身学习理念一经提出,获得前所未有的重视,就理所当然了。

第二,人们对现实生活及自我实现要求的不断高涨。随着经济条件的改善,人们逐渐从衣食住行的窘境中解脱出来。电子器具的普及,也是人们可以摆脱体力劳动和家务劳动的拖累,人们也开始拥有更充裕的自由支配时间。外部条件的改善,使人们开始注重精神生活的充实,期望通过个人努力来达到自我完善。要实现高层次、高品质的精神追求,靠一次性的学校教育是难以达到的,只有依靠终身教育的支持才有可能完成。

第三,人们要求对传统学校教育甚至教育体系进行根本的改革,从而期望产生一种全新的教育理念。自近代学校教育制度建立以来,学校在担负培养和塑造年轻一代的责任方面,起到了任何其他社会活动所不能替代的作用。提倡学校教育、家庭教育和社会教育(成人教育)三者有机结合、教育开放的终身教育必然受到人们的欢迎。

二、终身学习的特点

(一)终身性

这是终身学习最大的特征。它突破了正规学校的框架,把教育看成是个人一生中连续不断的学习过程,是人们在一生中所受到的各种培养的总和,实现了从学前期到老年期的整个教育过程的统一。既包括正规教育,又包括非正规教育。它包括了教育体系的各个阶段和各种形式。

(二)全民性

终身学习的全民性,是指接受终身教育的人,包括所有的人,无论男女老幼、贫富差别、种族性别。而事实上,当今社会中的每一个人,都要学会生存。而要学会生存，就离不开终身教育，因为生存发展是时代的主流，学会生存必须学会学习，这是现代社会给每个人提出的新课题。

（三）广泛性

终身学习既包括家庭教育、学校教育，也包括社会教育。可以这么说，它包括人的各个阶段，是一切时间、一切地点、一切场合和一切方面的教育。终身学习扩大了学习天地，为整个教育事业注入了新的活力。

（四）灵活性和实用性

现代终身学习具有灵活性，表现在任何需要学习的人，可以随时随地接受任何形式的教育。学习的时间、地点、内容、方式均由个人决定。人们可以根据自己的特点和需要，选择最适合自己的学习。

终身学习能使我们克服工作中的困难，解决工作中的新问题；能满足我们生存和发展的需要；能使我们得到更大的发展空间，更好地实现自身价值；能充实我们的精神生活，不断提高生活品质。学习是人类认识自然和社会、不断完善和发展自我的必由之路。无论一个人、一个团体，还是一个民族、一个社会，只有不断学习，才能获得新知，增长才干，跟上时代。

终身学习，讲的是人一生都要学习。从幼年、少年、青年、中年直至老年，学习将伴随人的整个生活历程并影响人一生的发展。这是不断发展变化的客观世界对人们提出的要求。人类从诞生之日起，学习就成为整个人类及其每一个个体的一项基本活动。不学习，人类就无法认识和改造自然，无法认识和适应社会；不学习，人类就不可能拥有今天达到的一切进步。学习的作用不仅局限于对某些知识和技能的掌握，学习还使人聪慧文明，使人高尚完美，使人全面发展。正是基于这样的认识，人们始终把学习当作一个永恒的主题，反复强调学习的重要意义，不断探索学习的科学方法。同时，人们也越来越认识到，实践无止境，学习也无止境。古人云："吾生而有涯，而知也无涯。"当今时代，世界在飞速变化，新情况、新问题层出不穷，知识更新的速度大大加快。人们要适应不断发展变化的客观世界，就必须把学习从单纯的求知变为生活的方式，努力做到活到老，学到老，终身学习。

第二章 新时代高校教师发展的内容

第一节 教师专业知识

专业认知是一个重要的教学环节。它要求教师在进行专业教学活动之前通过实地参观、思考和了解后,对教学活动形成一定的认知、信念和思维方法,培养教师对教师职业的热爱,并强化其事业心和责任感,巩固其专业理念。教学风格是教师在与学生、课程、环境交互作用过程中表现出的一种稳定的外显行为。①

一、教师专业认知

一般来说,在传统教学中,人的认知能力是基于人脑的,对客观事物的特性、联系或者关系以感知、记忆和思维等形式来反映的,定义事物对人的影响和作用的一种能力。教师专业认知是指教师在教育教学活动中体现出来的教师所知、所信和所想,即形成对专业的认同和教学的认知,建构独特的教学信念,通过思考教学现象,做出教学决策。

(一)教师所知

1.对专业的认同

对专业的认同是教师专业发展的起点。教师回顾自己的成长之路、反思并总结经验,同时关注同事们的专业发展情况,参考国家级名师的专业发展历程,这个过程综合起来看就会发现教师的专业发展开始于"认同"。认同是多角度多方面的,主要有三个方面:一是教师对教师职业本身的认同,教师能够理解教师职业的内涵和本质,从认识到认同是一个内化的过程,能够认识并热爱教师职业;二是对专业学科的认同,教师喜欢自己所教的学科,愿意在这个学科上有所发展;三是别人对自己的认同。

---

① 王飞.教师专业知识的优化路径[J].集美大学学报(教育科学版),2020(5):22-27.

教师一旦产生专业认同感,就容易产生职业成就感,这是教师专业发展的持续动力,教师就是在不断保持和提升自己的成就感的过程中,实现自身的专业发展的。认同感与成就感支撑起了教师的幸福感,教师的专业发展不是被动的,而是主动的。教师以自己的幸福感带给学生以幸福,带给学校以幸福,带给社会以幸福。

2.对教学的认知

教师的教学认知能力是依托教学系统而产生的。这一能力的形成需要教师辩证地分析和反思教学系统的性质和要素之间的关系,解读和概况各专业学科中的定力和概念,了解和感受学生的心理变化,深刻认识到在教学实践中运用的教学方式方法和策略的效果。教师的教学认知能力是教师对教学的目的、教学的任务、学生们的特点、教学方式方法和教学实践中遇到问题和情形的分析和判断能力。教师教学认知能力的提升,直接影响了学生们对相应学科的知识的学习,从而提升教学工作的效率效果,推动教学专业化发展。

教师的综合素质要求教师有超强的教学认知能力,教师的教学认知能力是教师整体专业素养和素质的直接体现,对于教师教学认知能力的培养、提高是非常必要的,有利于教师在教学实践中展示自身的教学能力。教师的教学认知能力、汲取知识的能力和其他相关能力是相辅相成的,其中一个方面的提高,会有助于其他方面的协同提升,最后实现教师全方位的素质和专业能力的提升。教师教学能力由教师对教学目标的理解能力和对教学资源的分析能力构成,教师应该充分分析和利用教学资源,深层次理解教学目标,最终达到提升教学质量的目的。

(二)教师所信

教师所信是指教师对教学对象的知觉力。知觉是指从刺激汇集的世界中抽绎出有关信息的过程。而知觉力是指采用能使环境意义化,能够对感觉材料进行加工、处理,使之成为一种统一的、有组织的经验。因此,"知觉力可以说是一种把感觉材料加工组合为整体性表象或经验的能力"。教师对学生课堂表现的知觉力的大小会对教学效果产生重要的影响。

(三)教师所想

教师所想是指教学管理的思维力,是基于教学问题分析和解决的认知能力。这种认知能力由洞察教育现象、关注教学决策、提升问题解决能力三个部分组成。经过调查得知,有相当工作经验的专家级别教师与刚刚踏上工作岗位的新手教师在认知能力的表现上有很大差别,专家级别的教师可以根据经验拨开问题表象的迷雾,看透问题的本质,从根本上分析和解决问题;但是新手教师一般没有办法拨开问题表面的现象,从而无法深入问题。教学经验的缺乏导致了新手教师在分析和解决问题上的片面性。

二、教学风格

老师、学生、课程和环境等因素不断进行交互作用,教学风格就是教师在这种交互作用中表现出来的一种稳定的外显行为。

教学风格一旦形成,就会在一个相当长的时期内保持不变,具有相对稳定性。教学风格是教师经过长期的教学实践过程逐渐形成的,具有稳定性的同时也具有延续性。教师会根据新的教学发展的需要,随着教师自身专业素养和教学水平的提升而不断完善和改进,以满足日益完善的教学要求。在教学实践过程中,稳定性与延续性相结合,逐步形成教师特有的适合学生的教学风格。教师的教学风格主要有以下几种类型。

(一)理智型

理智型教学风格的主要特征有四点:一是教师的教学方案严谨、逻辑清晰,充分利用科学来解释各类学科现象,让学生相信科学并理解科学;二是课堂的时间安排合理,各种讲课方法相互结合,不过于松弛也不过于紧张枯燥;三是在教学实践过程中,教师对学生教导和引导相结合,注重学生的逻辑思维和抽象思维的培养;四是在教学实践过程中,教师使用的语言精准,讲的道理通俗易懂,以科学服人。教师在教学实践中,应该综合考虑学生在相应年龄段的喜好,善于运用有利于记忆的视频、图形等方式,结合互联网的发展,使用先进的教学手段,增强课堂的趣味性,激发学生自主学习的欲望和学习能力。

(二)幽默型

幽默型教学风格的教师能巧妙地设置悬念、埋下伏笔,常常令学生惊叹。其语言表达生动幽默、趣味性强。教师生动幽默、趣味性强的教学能够引导学生加强学习,激发学生学习的热情。学生在获得知识的同时,也开发了智力,逐渐养成了乐观主义的人生观和热情、开朗的性格。

(三)创造型

创造型教学风格涵盖以下内容:一方面是教育教学内容的社会发展性和创造性,另一方面是教学方式的科学可靠性和多种多样性,还有教学评估的广泛性和灵活性。创造型的教学方法摒弃原来"填鸭式"的教学方式,综合运用各式各样的教学工具和手段,增强教师和学生的互动,充分激发学生的主观能动性,最终保证学生对知识的理解和记忆,全面提升教师的教学效果。教学本身就是教与学的结合,是一种师生双向互动活动。

创造型教学风格要求教师全身心投入到教学实践中,全心全意服务于学生的学习,以自身的热情带动学生学习的积极性,形成自己鲜明的、有特色的、有趣味性的教学风格,引领学生在知识的海洋里遨游。

第二节 教师专业情感

教师专业情感是指教师在教育教学过程中内心所产生的稳定的、持久的态度体验,是在教育教学活动中所表现出来的教师专业情感意识、教师专业情感定势和教师专业情感能力,主要涵盖三个方面:一是对教育事业的执着和热爱,与同事形成专业学习共同体,提升精神境界,形成专业认同;二是对学科的热爱,能满怀激情地将自己所学传授给学生;三是对学生的热爱,能与学生建构融洽和谐的师生关系,尊重、关心每一个学生,促使每一个学生获得全面发展,最终促进教师与学生的共同成长。

近年来,学校教学硬件设施和软件资源都有大幅度的提升和改进,教师专业情感是在与学生的交流中建构起来的,教育活动中教师与学生的互动和交流直接影响着教师对教学的情感投入。本节从教师的专业态度、师生关系和师生互动三个维度探讨教师专业情感,力求达到课堂教学的优化。[1]

一、情感欠缺的专业态度

不良的师生情感在某种程度上主要来源于师生偏见或冲突。师生偏见或冲突是教师在教育教学实践过程中,互相产生的情绪上的、心理上的

---

[1]王灿.基于教师专业情感的教师专业发展[J].现代职业教育,2019(34):264-265.

或者价值观上的差异而形成的互相对立、干扰的不良互动,有的表现为隐性,有的表现为显性。隐性的师生冲突比较常见,师生缺乏交流和沟通,学生学习情绪不高,课堂表现不佳,课堂比较沉闷、压抑;教师的上课积极性不高,与学生的沟通较少,教学方式乏味枯燥,最终导致课堂极其消极和压抑。

课堂上的公平理念在教学过程中至关重要,学生们十分关注老师在课堂上的行为,有时教师为了鼓励学生进步,会采取一些不恰当的语言和行为,造成学生们认为教师偏心读书好的学生,挖苦读书不好的学生,在学生们心中留下阴影,不利于学生的成长和学习。往往教师自身无法意识到这一缺陷带来的影响,但对学生来说,这种公平理念缺失带来的阴影可能会跟随自己一生,无法摆脱。这样缺乏公平理念的课堂给师生之间的互相理解和合作带来了极其不好的影响。

二、和谐生态的师生关系

(一)创建活跃有效的师生交往

20世纪70年代,沙勒和费舍尔最先提出了交往教学理论中主要着重于研究师生关系的教学论思想。他们提出:教师和学生都是教学实践过程中非常重要的主体,两个主体之间的作用是相互的,需要互相之间交流、沟通和理解。交往教学理论认为,教学实践过程也是个体之间交往的过程,个体之间交流彼此的思想、态度、价值观、感情观等,其中不乏感情上的互动,成功的教学过程中交往活动是不可或缺的,因此要注重保持活跃有效的师生交往。交往教学理论根据课堂教学的特点,提出要加强个性教学,着重于小组合作,师生之间加强交流,最终达成师生合作,主要应做好以下几点。

1.发挥学生主体作用

传统的教师地位高,因其"传道授业解惑"而受到人们的尊重,自古对学生有尊师重道的要求,这就导致了在教学实践过程中教师的地位是远高于学生的,教师是整个教学活动的把控者和主宰者,学生只能接受和顺从。教师在教学实践过程中容易忽略学生的实际需求,而做出空想的、不切实际的课堂设计。交往教学理论则规避这一课堂弊端,强调教师和学生都是教学课堂的主体,抛开教师一贯的"填鸭式"教学,要求考虑学生的实际需求,激发学生的主观能动性,引导其积极思考,将教学转变为教师和学生之间的互动。交往教学理论提升了学生在教学过程中的地位,注重学生的实际需要,鼓励其与教师之间的交流,最终引导其主动地学习。

2.促进教师的教学反思

交往教学理论要求双方能够了解对方、理解对方、吸引对方、最终达成双方的合作。这种教学方式是一举两得的,学生可以汲取更多知识;教师可以获得更多学生对教学工作的反馈,有利于完善和调整教学方式方法,提升教育教学质量。

3.有利于师生心理健康

交往行为使个体都在社会中成长,对个体的社会化发挥了重要作用。教师和学生之间的交往应该是建立在公平、相互尊重的基础上的,在教学实践过程中增进感情,互相理解、交流,最终达到互相认可,使双方在教学活动中感受到归属感,减轻了教师在教学活动中的压力,也提升了学生在学习过程中的兴趣和信心,对双方心理健康的影响都是非常积极正面的。交往教学理论鼓励教师和学生在教学活动中都保持完整的自我,感受和表达真实的自我,通过感情交流获得真实的幸福感。

(二)构建民主平等的师生关系

1.平等和谐的师生关系

随着当代信息技术的逐渐发展,互联网技术应用越来越普及,各类信息交织复杂,对实体教学的教师们带来很大冲击,来自四面八方的信息对教师传授知识的权威性造成很大威胁。构建平等的教师和学生之间的关系,学生自主地投入学习,原有的教师高高在上的情况不复存在;而教师单向的、指令性的教学方式,工具主义的教育态度不再被学生接受。教学理论强调将学生作为一个与教师平等的主体存在于教学活动之中,教师和学生必须将双方作为平等的、独立的个体来进行相互交流,保持双方主体的独立性和完整性,以提出需求和满足需求的形式互相交流和作用。通过建立平等的师生关系,教师和学生最终成为"学习共同体",在教育教学活动中互相促进、互相学习、互相尊重、互相理解,最终互相认可,达到实现教师和学生的共同促进和自我完善的目的。教师作为引导者,应该有意识地去维护每个学生的权利,以一个平等的主体去对待学生,建立平等和谐的师生关系,同时也培养学生的公平、民主意识。

2. 合作开放的师生关系

把学会共同生活作为教育的重要支柱之一,既是联合国教科文组织发表的《教育:财富蕴藏其中》所倡导的,也是现代构建主义学者比较注重的、郑重提出的一种合作学习的理念。

后现代课程观倡导教师不再是知识权威的代言人,而是教学过程中与学生共同探索的参与者、协调者。教师和学生身份的转变,改变了教师"填鸭式"教育的传统,鼓励学生主动探索知识、解决问题,注重学生创新意识、团结合作意识、团队作业意识的培养,有力推动了平等和谐的师生关系的形成。

3. 互为主体的师生关系

建立平等和谐的师生关系,强调凸显学生的主体性,并不是教师完全放弃对学生的管理,所有事情由学生按照自己的想法来。教学过程中教师和学生双方都是主体,双方之间应该互相尊重和交流,表达各自的理解和情感。在这个过程中,师生不要把双方作为一个主体和一个客体,或者是一个高高在上,一个卑微到尘土里,而是应当建立互相促进并行的关系。只有师生都将对方看作是与自己平等的主体,才能更好地促进双方的交流和认可。

三、教学相长的师生互动

有效的师生互动一定能促进教学相长,并能强化师生之间的感情,教师更加愿意为学生的成长付出努力和情感,学生回报给教师的必定是对学习的积极向上和对教师的尊敬。因此,教学相长的师生互动可以更加坚定教师对学生的专业情感。

"是故学然后知不足,教然后知困。知不足,然后能自反也;知困,然后能自强也。故曰,'教学相长也'。"只有先去学习才能知道自己知识的缺乏,只有教了别人之后才知道自己对知识还理解得不够透彻。所以说,教与学是相互促进、相辅相成的。

(一)师生互动合作

在当下课堂教学中,师生互动中存在一些走样失真的现象,有些教学纯粹是为了互动而互动,师生之间演变为一种互为装点的孤立关系,课堂教学互动的真实意蕴无从体现。师生主体互动决定着学生愿不愿意参与教师的教育活动,决定着学生以怎样的态度和方式参与教育活动,能不能积极配合教师的教育活动。教学过程中的师生互动,是突出学生和教师主体作用的必然要求;是改进、优化教学方式和促进师生形成自主、合作、探究学习方式的必要途径。师生主体互动不仅影响着师生的学习和发展,也直接关系到师生双方的精神交流、人格发展以及生活质量,影响学校的精神面貌、校风、教风以及学风。师生主体互动不是站在社会和教育的角度,提出教师和学生"应当怎样""应当具有"等命题,而是从教师和学生的角度出发,确立"基于教师和学生""为了教师和学生"的立场和观点,以此实现教师和学生的专业成长和发展,彰显教师和学生的主体意识和主体实践的作用。

(二)课堂辩论

课堂辩论教学模式非常注重学生的主体性发挥。教师应提倡学生充分发挥主观能动性,积极思考、提问,对于不同意见进行辩论,培养学生自主思考、逻辑严谨的良好习惯,让学生切实感受到沐浴在知识的海洋中的快乐。正因为学生"没有这种自我肯定的体验,就不可能有对知识真正的兴趣",教师引发学生不断思考和表达,给予其表现自己的机会,引导其认识自己思维的误区,启发其辩证地看待问题就变得尤为重要。在这种教学模式下,师生都体会到自我价值的体现,体验到自我创造带来的幸福感。

第三节 教师专业发展

教师专业发展是一个具有丰富内涵、涉及范围较广、多维度的概念,是一个连续的、动态的发展过程。

一、教师专业发展的专业精神、自主意识

教师的自主发展由内部的自主和外部的自主两部分组成。外部的自主着眼于教师所处的外部环境,教师要在所处的外界环境、来自环境的压力和控制中保持独立和自由,强调自身的权利,摆脱环境的束缚,并且能够支配和充分利用环境所带来的一切资源;内部的自主则注重教师内心世界的构造,教师应该充分了解并剖析自己,对自己的能力有合理的定位,

充分发挥自己的能力,并不断强化自己,最终实现自己的专业化发展。教师的专业精神是其自主意识发展的前提,专业精神的坚定程度会影响自主意识的发展程度。因此,教师要获得自主发展,必须要有一定的专业精神。反之,如果教师在教育教学活动中缺乏专业精神,那么教师的自主发展就无从谈起。

(一)专业精神的规训

1. 专业精神的丰富内涵

教师在教育教学实践过程中体现的专业能力、专业特性、职业方式、工作作风、个人价值和工作态度形成了专业精神。教师的专业精神是专业素养的重要组成部分,教师的专业精神不仅包含专业知识和技能,还包括专业情感态度和专业道德伦理。教师在其心中的信念和理想的驱动下展现出的性格和活力形成了教师的专业情感态度,教师道德规范和伦理的执行情况形成了教师的专业道德伦理,教师在教育教学过程中所展现出的专业知识和教学能力形成了教师的专业知识技能。在专业精神中,情感态度与道德伦理都是其重要的组成部分,二者是相辅相成、缺一不可的。从作用上来说,专业情感态度为专业精神提供不竭动力,专业道德伦理为专业精神提供衡量准则,专业知识技能为专业精神提供夯实的基础。专业精神是教师专业化发展的重要动力源泉,也是教师自我实现的重要驱动。

2. 专业精神的实现路径

教师如果对学生缺乏关心和爱护,或者不注重自身的专业知识和技能的提高,对教育事业不具有奉献精神,缺乏对自身的管理,不注意总结教育教学过程中的经验和教训,更没有教学创新的情况,这是其严重缺乏教师专业精神的体现,更是与教师本身应有的教育理念相违背的,会引发严重的教育危机。教师的专业精神的塑造极其重要,而要构建教师的专业精神,必须提倡高校和教师双方齐头并进,共同构建教师的专业精神,最终实现教育教学成果质的提升。

(二)自主意识的养成

1. 自主意识的基本内涵

自主意识的基本内涵是指明确地意识到个体的存在、价值和意义,同时能够依据个体的特点去制定人生计划、实现自我价值的意识。自主意识是个体的意识,是一种具有个人特色的、主张个性的异质意识,同时它也是讲人性、人权、人道的一种意识。自主意识是教师自主发展的基础和关键动力所在,是保障教师专业自主权和精神自由的重要内在条件。所谓专业自主是指专业人员对其行为表现和所负责的事物能自主判断和全权处理,而无须外人控制和干扰。如果一个教师拥有强大的专业自主意识,他将会积极主动地追求专业自主权,进而应用在教育教学实践中,会在教学工作中体现出更多优秀的品质。

2.自主意识的形成途径

教师自主意识的形成主要从拓宽自己的知识面,接受文化经典的熏陶,通过不断广泛地学习来认识自己、评价自己,对自己在教育教学工作中的行为和活动进行客观地评价和反思。例如,教师从阅读中吸取养分、博学强知、开阔视野,既可以提升自身的文化素养,加深自己对事物的深层次认识和思考,也有助于教师增强教学能力。同时,教师应该通过各类教学方案的设计和组织,引导学生自主学习,改变被动的"填鸭式"的教学方式,使学生能够对学习产生兴趣,从而主动去学习,增强学生的学习兴趣和能力。教师能否提升自主意识,也是学生自主意识培养成功与否的关键所在。

二、教师专业发展的自我反思

教师的自我发展必须要重视反思带来的效果,经常反思有助于推动教师的专业化发展,教师发展的必要条件就是反思。

反思需要反思者客观地看待自己的行为,以他人的角度来判断和评价自己的行为。教师的反思是教师对其在教育教学实践中的行为和表现从客观的角度来进行分析和评价,对于自身良好的行为要进行保持,错误的行为要进行改正,从而提高自身教育教学技能和专业素养。教师专业发展的反思由自我认识和教学反思两部分组成。自我认识是教学反思的基础,教师应在自我认识的基础上进行反思和分析;自我认识需要体现在教学反思中,教师应将教学反思的分析应用在教育教学实践中,从而提升教育教学质量。

(一)自我认识的内涵

自我认识实质为主体的我对客体的我的认识,即个体将自己的现实状况,包括外貌、生理发展以及自己的感知、体验、意念、行为和思考等心理活动、心理过程、心理内容及其特点反馈给自己。

具体来说自我认识包括自我感觉、自我界定、自我观察、自我分析、自我评价等方面。其中,自我评价是对自己能力、品德、行为等方面社会价值的评估,它最能代表一个人自我认识的水平。而自我反思是在自我感觉、自我界定和自我观察的基础上对自身状况的反思。

(二)自我认识的意义

教师的自我认识是自主意识在影响人的发展方面的重要性的一种体现。教师在复杂的环境里工作,其工作的性质和特点要求教师必须清晰地意识到我是谁,我能做什么,不能做什么。总之,教师必须具有清醒的自主意识和角色意识,并能够把这些意识体现在他的职业生活场景中。我们倡导"最优化的教学",追求理想的教育,寻求"舒适"的教育,渴望"诗意的栖居";倡导以人为本的教学模式,追求卓越超群的教育,寻求民主公平的教育,渴望获得教育的幸福。然而当我们一方面在孜孜不倦地追寻,另一方面却没有很好地认识自我时,就会陷入人性的异化、自由性的缺失、自我认同性的混乱和现实性的失衡等教育危机中。

(三)教师的教学反思

教师在教学反思时,会依据自身的价值观,分析教学情境和教学事件,逐渐产生自信与自我的效能感,进而整合教学知识、经验和信念,做出适合的教学判断。教学反思能强化教师的专业自主性,建构教师个人特色的教学风格,加强教师把握教学工作的敏锐度,并最终促进教学问题的根本解决。

1.教学反思的内涵

教学反思是指教师在教学过程中的独立思考历程。它是一种强调教师批判地考察自我的主体行为表现及其依据,通过回顾、诊断、自我监控等方式,对教学情境或教学效果进行审视判断,或给予肯定与强化,或给予否定与修正,从而不断提高自身教育教学效能和教学素养的过程。

教学反思的主要特征为:一是超越性,教学反思的真谛就在于教师要敢于怀疑自己,敢于和善于突破、超越自己,不拘泥于已有的固定做法和传统思维;二是反思性,是指对于教师自身实践情境和经验,立足于自我以外所做的多视角、多层次的思考,从各方面对自身工作进行批判、质疑,这是教师自主意识和能力的体现,是教学反思的本质所在;三是实践性,指教师教学效能的提高是在具体的实践操作中完成的,如果空有反思而无行动,教学反思则毫无建设性。

2.教学反思的突破

教学反思虽然能促进教师的专业成长,但是它也受到多方面的限制。其主要体现为:一是不利的教学组织文化,它具有很强的负面作用,使教师面对真正的自我时会产生障碍;二是教师文化的阻隔,虽然多数教师都能做到教书育人的本职工作,但往往受限于自己的学科和班级,与同事和学生很难形成对话和互动的教师文化。

两千多年前,古人就已提出了"教学相长"的理论,其实质是强调教与学的相互促进以及教师的以身示范。新时代教师专业发展的实践模式应该强调各方资源的多元整合,强调教师间和师生间的交往互助和共同发展,强调师生之间的平等对话。概言之,教师专业发展的理论经历了从经验到理论的提升,从"教学相长"到"学习共同体"的丰富,体现出21世纪注重科学和强调民主的时代精神。

三、教师专业发展的"学习共同体"

教师要获得最大限度的发展,要提升专业反思能力,除了教师自身的自主发展和自我反思之外,还应该形成一种合力,这个合力就是指教师专业发展的"学习共同体"。教师专业的"学习共同体"是指为了达到教学的某种共同目标,在教学活动过程中教师之间针对教学资源、教学情境和教学活动经常开展讨论、交流,并分享各自的教学经验与体会,以促进教师共同的专业成长。基于教师之间的合作学习和同侪教练等方式,教师可以集合为一个专业的"学习共同体",他们在其中承担着共同的义务,分享彼此的思想和价值观。

(一)合作学习

教师的合作学习是建构教师专业的"学习共同体"的基础。在合作学习中,教师之间形成一种对话与合作的关系,有利于专业的"学习共同体"发挥实质性的作用,并能促进教师的专业反思和成长。

1.专业对话

专业对话是指教师在专业领域里,对教育活动涉及的各个方面,与同事们进行交流、研讨,对一些问题相互理解,或达成共识,或进行积极地辩论。专业对话不是对他人经验简单的接纳和吸收,而是平等的沟通和交流;专业对话不是对专业知识和能力简单的了解和掌握,而是完全包容的理解;专业对话不是对教学方式方法简单的言说和讨论,而是生态的互动;专业对话不是简单的交流,而是精神的共享。

专业对话中的核心问题是寻求一个中心话题,也就是教师共同关心的问题,它不是预先生成的,而是具有一定的动态性、开放性、生成性和非预期性。作为教师对话的轴心,它被赋予了全新的含义。一方面,教师围绕问题进行对话、层层深入,使问题衍生为知识的表征或一个新问题,而问题同时又成为教师关系的中介和相互对话的桥梁;另一方面,当问题破解之后又成为教师之间重新合作的新起点。教师在对话过程中,就专业的教学问题表达不同的看法,通过对话,相互学习,分享彼此的观点,参与知识的产生、丰富和升华的过程。在这样的教学工作环境中,教师能够感受到专业对话对于一个教师专业成长带来的价值和意义。

2.教师文化

教师文化作为社会文化的一个分支,其内涵与社会文化有着必然的联系。教师文化不是与生俱来的,作为社会文化和校园文化的亚文化之一,它是在人类社会的发展和文明的进步中渐渐形成的。要构建教师文化需各方面共同努力。首先,要创建学习型的教师团队。学校应该不遗余力地组织教师团队进行学习,促使教师形成共同价值、达成共同目标。其次,要使教师学会分享知识和经验。学校要在教师群体中树立共享共融的理念,倡导不同学科、不同年龄段、不同学历和处在不同专业发展阶段的教师可以真诚地与同事交换意见与经验。最后,学校要形成"生态型教研组"。这种组织除了具有教学、科研、培训等基本职能外,其主要焦点在于为教师专业发展提供生态组织,在于通过教师之间的合作促进教师成为学习者、研究者、创新者,着意于通过组织化学习提升教师的实践智慧,推动教师专业能力的成长。

(二)同侪教练

"学习共同体"体现出教师在学校,尤其是在课堂教学中存在的一种分享的意识与一种相互关怀的责任,教师们对于彼此的工作相互尊重、共担责任。同侪教练是教师专业发展过程中的主要伙伴,不仅能够彼此交流、讨论、分享,还能增加共同成长的乐趣,增进教师专业成长的进程。在教学计划阶段,同侪教练与教师建立彼此信任的关系,了解并掌握教学脉络;在教学实施阶段,同侪教练担任教学观察员的角色,协助教师确认教学表现;在教学反思阶段,同侪教练通过会谈、交流反馈,引导教师进行深入反思,并将反思结果应用于教学中。同侪教练对教师的帮助和支持,体现在教学准备、教学实施和教学反思等教学活动的全过程之中。通过同侪教练的帮助和支持,教师逐渐形成在多重系统下进行教学工作的能力。

1.教学准备

"凡事预则立,不预则废",教师对班级的教学与管理必须先了解学生的学习背景、学习能力、学习兴趣以及学习潜力,进而制订教学目标、制订教学计划。教师请同侪教练一起了解班级教学状况,通过访问班级管理水平出色的教师,阅读班级教学的相关书籍或参加研修班等途径,搜集和整理与班级教学、管理有关的资料,确定班级教学与管理的目标,以提升教师自身的班级教学与管理的技巧和能力。具体来说,这一阶段教师的工作主要包括以下内容:一是了解学生的背景,其相关信息包括学生过去的经历,学生在校的记录,每次测验的成绩和家长、教师、社区所提供的相关信息。根据这些材料,教师进行整合归纳,以此对学生的学习准备程度和成功的效度进行价值判断。二是教师要确定教学活动的内容,针对教学时可能遇到的问题,模拟可行的解决方案。根据教师的关注重点,同侪教练协助教师共同决定教学工具和教学方式,通过结构性分析将教学内容和活动划分为有机的几个步骤,使教学活动具有逻辑性和操作性。三是由教师提出评估方案,这是设计下一步教学计划的基础,是对教学活动成果的反馈。在教学计划阶段,同侪教练的参与可以在很大程度上帮助教师克服以自我为中心的缺点,能够较为客观、全面地制订教学计划。

2.教学实施

教师在教学实施阶段,必须不断地根据教学情况及时对计划进行修正。因为教师在教学中随时可能会出现与预设情境不一致的情况。这些不确定性促使教师寻求同侪教练的帮助,需要同侪教练——同走进课堂、观察教学现场,当然前提是不能改变原有的教学生态,否则会使正常的教学走样失真。例如,双方在一起考虑教师在教学时如何进行即时判断,决定何时以及如何进行各个教学步骤,学生是否已经具备进行下一步学习的动机和兴趣,什么时候可以激发学生深入思考等问题。教师和同侪教练一起考虑并选择变通的教学策略和方法,有利于增加学生的学习兴趣,增强教师把握教学现场的能力和水平,促进教师的专业成长。

3.教学反馈

教学反馈可以帮助教师确认教学中的优缺点,提升教学能力,促进自身成长。教学反馈其实质是教师与自己对话。

教学反馈主要分三个步骤进行:一是开场,即同侪教练询问教师有关课堂教学的感受,了解信息,再一次确认教学计划的实施情况,呈现教学实施中所获得的资料;二是研究教师本人,同侪教练运用有效的教学观察资料,对教学活动进行分析讨论,提出客观的建议,帮助教师树立信心;三是小结,即同侪教练和教师共同评价实际教学成效和预设目标的落差,了解导致落差的原因,然后共同提出修改意见,作为将来教学的参考,并拟订新的成长计划。同侪教练的参与和大力协助,对教师教育的思考和分享,比教师获得教育经验更加重要,因为它使教师不断反思和认识自身,从而为教师专业发展提供更大的可能性。

第三章 新时代高校教师发展规划

第一节 教师专业发展阶段

教师要实现自己的专业发展,必须进行职业生涯规划与发展设计,而教师的职业生涯规划与发展设计又必须将专业发展作为其核心理念,并使之贯穿于整个职业生涯发展的全过程。

一、教师专业发展阶段的含义

教师专业发展阶段是指教师的职业素质、能力、成就、职位、事业等随时间而变化的过程,以及相应的心理体验与心理发展历程。[①]

教师的职业生涯发展阶段包含两个维度:一是时间维度,是指教师首次参加工作开始的一生中所有的工作活动与工作经历按时间顺序组成的整个过程;二是领域维度,包括职业理想、知识水平、教育观念、教学监控能力、教学行为与策略,以及对教学的心理感受等。

二、教师专业发展阶段理论

职业生涯发展阶段理论产生于20世纪50年代,最初是针对特质因素论的局限性而提出的。特质因素论认为,职业决策是人在面临选择时刻的单一行为。而发展理论则认为,人的职业经历是在不断发展的,如同人的身心发展一样,随着年龄、资历、教育等因素的变化,有着一个连续、长期的发展过程。

关于职业生涯周期,目前学术界有各种不同的见解。国内一般认为职业生涯周期是由职前准备期、上岗适应期、快速成长期、高原发展期、平稳发展期、缓慢退缩期、平静退休期七个阶段组成的。

[①] 施晶晖,陈浩彬,胡忠光.21世纪高校教师教育规划教材 教育心理学[M].南昌:江西高校出版社,2018.

三、教师专业发展阶段及其任务

教师专业发展阶段从时间维度可以大致划分为适应期、成长期、成熟期、高原期、超越期五个阶段,这五个阶段有其各自发展的任务。

(一)教师专业适应阶段

师范院校处于实习阶段的学生和刚刚从高校毕业从事教师职业1~3年的年轻教师均处于教师专业适应阶段。教师在这一阶段的基本任务是:完成由学习者身份向教育者身份的转变,达到初步适应工作环境和业务的要求,能独立地开展工作和负起责任,并且尽量在知识、能力、专业精神上都能向教师的职业标准看齐。同时,教师在这一阶段的具体任务是学会备课、学会讲课、学会适应自己的职业生涯环境。

(二)教师专业成长阶段

教师专业成长阶段也称教师职业发展阶段,是教师完成角色转换、适应教师职业角色之后的一个重要发展时期。

处于专业成长阶段的教师的基本任务是:在全面分析自己的基础上,寻找发展突破口,寻找适合自己的发展定位,找到提高自己的方向,并积极地锤炼和提升自己。教师还应在知识、能力、专业精神方面,高标准地达到教师的职业要求,提高自身的管理水平和教学质量,使教育智慧化程度也得到全面提升。

教师专业发展是一个不断探索、实践和反思的过程。通过反思,教师总结实践经验,寻找缺点差距,使自己的知识水平、教学经验等进一步提升。

(三)教师专业成熟阶段

处于教师专业成熟阶段的教师主要表现为:有献身教育事业的理想,有高度的社会责任感,教师熟练掌握了教育教学所需要的各项技能(如观察了解学生的能力,组织、转换和传递信息的能力,组织管理能力等),对教育教学工作有自己独特的认识和理解,形成了自己独特的教学风格,具备了较强的教育教学科研能力,成为学校的教学骨干。此外,这一时期的教师还拥有良好的人际环境,作为教学骨干得到了各方面的认可。

教师专业成熟阶段为教师专业发展的黄金期或关键时期,绝大多数教师将获得高级职称,一部分教师将成为教学骨干或学科带头人,还有少数人将在学校担任行政职务。

(四)教师专业高原阶段

教师专业高原阶段是指教师成长过程中的一个相对静止的状态。从年龄上看,处于高原期的教师一般都在40岁左右。处在这一阶段的教师的通常表现为体能下降,常常感觉自己力不从心、失眠、多梦,如果身体某处被查出有某种疾患,就会在思想上有很重的负担。

处在高原期的教师缺乏成就动机,因为处于这一时期的教师已在事业上取得了一些成绩,这滋长了他们的自满情绪,使他们失去了专业发展的热情和动力,对未来没有太大的期许,因为缺乏目标而彷徨不前。

处于教师专业高原期的教师通常由于家庭负担过重,将注意力多放在家庭,而非教育教学上,而教学压力不减,于是出现了一定的职业倦怠感和挫折感。同时,这一时期的教师由于过分依赖过去的教学经验,容易出现经验主义倾向,因循守旧,墨守成规,排斥新观念、新方法,制约了自己向更高层次的发展。教师处于教师专业发展高原期的任务是:运用实践与理论的结合,来选择并完善其创新内涵,以谋求自身的可持续发展。

(五)教师专业超越阶段

教师专业超越阶段是教师职业生涯和专业发展进入收获期的重要阶段。但并不是每个教师都能有幸进入这一阶段,一个普遍教师需要经过二三十年的努力才有可能达到这一阶段。

处于教师专业超越期的教师就是我们常说的专家型教师、特级教师、名师。处于这一阶段的教师对教师职业和教育工作都有独到的理解,他们已把教育理想升华为教育信念,将教育当作一种事业、一种生活方式。一个教师理想的终极目标就是进入自我超越阶段。一旦进入这一阶段,教师就会具有稳定而持久的职业动力、显著的创新精神、个性化的教学风格,而且在社会上有一定的影响力和知名度。

教师专业发展是一个内外互动、不断调适、波动递进的非线性的发展过程。在教师专业发展的过程中,教师不仅要遵循生命周期理论的一般发展路径,而且要依靠自身的积极主动策应与策动,自觉实现职业生涯的良性发展。

教师专业发展的关键期是从适应阶段向成熟阶段发展的过渡时期,教师能否成功,能否成为成功教师,这一时期至关重要。现实生活中,一些教师尽管入职时具备一定的基础条件,但其职业生涯发展的过程中并不理想,有的停滞不前,有的进展缓慢,甚至有的中途被淘汰出局。这与教师没能很好地把握职业生涯发展的关键期有直接的关联。因此,在职业生涯发展的关键期,教师必须积极进行经验反思,找准自己的角色定位,有效选择自己的发展策略。

教师专业发展的突破期是从高原期向超越期转变的时期,是理念超越和行为跨越的时期。教师专业发展从资格获得、角色适应、反思调整到胜任职位,是一个由不知到知、由不会到会、由不能到能的人与人、人与工作、人与环境的相互融合和彼此适应的过程。在教师适应和熟悉了教育教学工作内容、工作程序和工作方法等以后,教师往往就会形成一种工作习惯和工作定式,呈现一种"高原"或"平台"现象,甚至内外环境和条件已发生变化也不谋求改变。俗话说,"逆水行舟,不进则退",如果教师不能与时俱进,主动变革调整,就要惨遭淘汰。教师能否从经验走向理性,由胜任、称职走向熟练、超越的关键就在于教师能否以先进科学的理论反思既往的教育教学,并在总结自己教育教学经验的过程中,提炼升华颇具见地的教育教学理念,实现由教育教学工作者向教育教学专家的跨越。可以说,突破期就是教师走向成功的自我超越期,就是教师向教育教学专家成熟期跨越的决定性时期。

第二节 教师专业发展规划

教师在进行职业生涯规划时,不仅要明确设计的目标,还要遵循一定的程序,选择适当的方法。只有如此,教师才能把行动指南、蓝图纲领、理论依据转化为切实可行的、可操作的步骤,并将目标内容付诸实践。①

一、教师专业发展规划的目标

目标是人们预期达到的结果状态,是人们实施未来行为的指南。教师

---

① 付晨光,曲学利. 规划发展 成就卓越 高校中青年教师专业化发展的探索与实践[M]. 北京:知识产权出版社,2015.

从各自不同的情况出发,在不同时期树立的目标各有不同。一般来说,教师有什么样的价值取向,就有什么样的目标设计。同样,目标的设计也必然反映着设计者的价值取向和追求。

(一)教师专业发展规划目标的价值取向

职业目标的价值取向按层次来分,一般可分为生存取向和成就取向两大类。前者就是把职业作为一种谋生的手段,目标指向的结果实际上是对物质的追求;后一种取向则可以进一步细化为对职业的专业化、知识的获取、能力的提高,以及自身形象的社会认同等非物质层面的追求。

目前,由于市场经济的泛化,教师职业目标的价值取向出现了一些不同的声音,如在教师职业素质与能力的发展中,教师究竟应该是以能为先,还是应该以德为先呢?对于这个问题,在教师队伍内外,许多人有不同的看法。不少人认为,先要成为一个教学者,然后才是一名教育者,换言之就是先讲才,后讲德。学校在进行人力资源管理时片面追求高学历就是这种错误的表现,对师德评价体系的偏差是这种错误的另一表现。前者重形式、轻内涵,走上了光讲求表面、不问实际教学内容的形式主义;后者因经济改革的不到位,引发了思想认识上的误解,把企业中的经济激励等不加改造地拿到教师行业中来。正因为行动从思想来,错误的思想导致了不正确的行为,所以这些偏差都直接影响着教师专业发展规划目标的应有价值取向。

第二种看法认为,"首先学会做人"是教师职业专业化的首要标准。如前文所述,发展目标中有判识、能力与专业精神,仅以其中的专业精神为例,应有专业态度、工作责任、专业理论、创新意识、信念理想、价值观念六条要求。可见,对于教育者,专业化的基本目标是称职,最高目标是成为教育家,这二者是辩证统一的。教师在对学生的教育教学时,既要教书也要育人,而且对自身的要求也是先学会做人,再教人。这才是教师职业生涯设计应有的主要目标,才是教师职业生涯设计目标应有的价值取向。因此,教育职业生涯的设计目标是有其特定的规定性的。

(二)教师专业发展规划目标的作用

一般来说,目标对职业生涯能起到标准化的导向作用、调节作用、激励作用。更具体一点,目标对职业生涯起到的作用有五点:①提供参与职业生涯规划的基点;②兼顾个人所在群体的目标;③加强个人能力开发;④能对个人起到激励作用;⑤能评估个人所在的群体。

对进行职业生涯设计的教师而言,目标能使你不会拖延,有助于你集中精力将各要素集中在你选定的特定目的上;有助于区分哪一些人是你需要寻求帮助的,还能帮你节省时间,使你重视值得重视的有效能的事;可以使你测知自己的效率,能提供给你一个新目标的基础,有助于你继续努力,可使你乐在其中,使你有成就感。因此,教师一定要重视专业规划中目标的重要作用。

(三)教师专业发展规划目标的构成

教师专业发展规划目标是教师在对外部环境和个人条件分析的基础上,对未来职业生涯发展的达成状态进行的预设和计划。从某个角度看,教师专业发展规划目标是由职业生涯目标的确立与职业生涯目标的实施策略二者组合而成的。

1.教师职业生涯目标的确立

职业生涯目标的确立由职业生涯发展路线的选择、职业生涯发展目标的选择、职业生涯目标的制定三者构成。

(1)职业生涯发展路线的选择

职业生涯发展路线的选择是指教师要选择向教育教学研究的方向发展,或是向教书育人方向发展,还是向行政管理方向发展。教师权衡确定自己的发展路线,需要综合考虑自己的个性、兴趣、能力,价值观与社会组织环境条件。

(2)职业生涯发展目标选择

路线确定之后,接着就要确定目标。有效的职业生涯规划需要切实可行的目标,以便排除不必要的干扰,全心致力于目标的实现。在一般状态下,如果没有目标,教师是很容易对现状妥协的。因此,要特别提倡关注长远的人生目标。

职业生涯目标可以分为短期目标、中期目标、长期目标。所以,每个教师应规划一下,在职业人生中,想做什么事,想成为什么样的人,想取得什么成果。每个教师只有结合自己的实际情况,才可以确定自己的职业生涯目标。

(3)职业生涯目标的制定

职业生涯目标的确立最终是要落实在制定职业生涯目标上的。那么,应当用什么来检验制定标准呢?有的学者提出了五条标准:①这种制定是自我认真选择的;②对每种被选择的结果,在选择时都曾一一做过评估;③对选择结果感到骄傲,并充满信心,且愿意公开;④愿承诺并付诸行动来完成自己的选择结果;⑤它适合自己的整个生活模式,符合自己的价值观。笔者认为,这五条标准是适合被用作教师职业生涯目标的制定的。

2.教师职业生涯目标的实施策略

在确定职业生涯目标后,行动便成了关键的环节。个人的职业生涯规划需要一套具体可行的方案。不过,教师应清楚地知道,选定一个目标是有成本的,即意味着要放弃其他目标。这也是很多人不愿制定职业生涯规划的原因。他们担心当环境变化时,自己无法应对,更担心万一不能达到目标,自己的理想会受到打击。对此,教师应使用目标分解和目标组合的方法来制定详细的行动方案,即职业生涯目标的实施策略=目标分解+目标组合+可行方案。

(1)目标分解

职业生涯目标可以用一系列的阶段目标来组成。就是说,教师为了顺利进入每一个新阶段,应根据新阶段的特点制定目标。目标分解就是根据观念、能力、知识差距,将职业生涯的远大目标分解为有时间规定的长、中、短期目标,直至将目标分解为某确定日期可采取的具体步骤。

(2)目标组合

目标组合是处理不同目标相互关系的有效措施。教师如果只看到目标之间的排斥性、竞争性,那么就只能在不同目标之间做出排他性的选择,并痛苦地做出二者必居其一的选择;如果能看到目标之间的因果关系与互补(互助)性,就能够积极进行(优次选择)不同目标的组合。目标组合有时间组合、功能组合、全方位组合三种。

(3)可行方案

目标分解和目标组合只是一种方法,具体的行动方案还是要教师要结合实际情况来进行计划。这里的可行方案(也叫行动方案)指落实目标的具体措施,主要包括工作、培训、教育等方面的内容。例如,教师应在思考可行方案时注意以下问题:学习能给自己的将来带来什么好处?学习要达到什么目标？采用岗位学习还是脱产学习？学习与岗位工作的关系如何处理？有什么学习的机会？有无可能创造学习的机会？学习机会来了怎样去争取？怎样与自己的领导、人力资源部门沟通，取得他们对自己学习的支持？

二、教师专业发展规划的内容

教师专业发展规划的内容是规划目标的展开和具体化。只有完成了教师专业发展规划的内容，才能把规划目标的蓝图变成客观世界的现实。而具体表达上述设计目标链的是相应的教师职业生涯设计的内容链，具体表达上述总的设计目标体系的是相应的总的内容体系。下面我们具体讨论教师专业发展规划的内容。

生涯规划理论中人的生命有三个层次，即活着、生活和为追求而生活着。与教师职业不同的是，教师专业发展规划内容追求的是事业，是生命的三个层次中的最高层次——其追求的最高境界应是"和而不同"。例如，新一轮课程改革的目标不仅强调学生的情感态度与价值观，而且强调学生的生命成长，强调教师与学生的互动，强调教师个性的张扬，强调教师与学生的生命共同成长。教师专业发展规划的内容在生命、事业等方面的价值取向，是符合需求动机理论中最高层次的需求的。而生命性是教师生涯发展阶段的基石，与教师职业本身不同，也恰恰是教师专业发展规划内容的核心。

教师职业生涯可以在创业发展、规范发展、个性发展和成熟发展各个阶段，依次完成各自的规划内容。教师专业发展规划内容与规划目标一样，也是按序依次完成的。现实中教师也只有完成了上一个阶段的规划内容，才有可能去完成下一个阶段的规划内容。

教师专业发展大周期由适应期、成长期、成熟期、高原期、超越期五个阶段构成。每个阶段都有其具体的规划目标，完成各个阶段的规划目标任务，自然也就完成了各自具体的规划内容。教师专业发展大周期的规划内容体系的构成，和教师专业发展大周期的规划目标体系的构成是相一致的。

教师的工作内容很多，如教学工作、班主任工作、教务工作、学校团队工作，等等。我们可以把这些日常的教育教学活动按维度进行分类，按教师专业发展规划的内容来进行分类。具体来说，教师专业发展规划的内容可以按三个层面来进行分类：一是职业生涯的广度(如教学者、研究者、组织策划者等)，二是职业生涯的深度(如教学专家、名校校长等)，三是职业生涯的时间维度(如资浅教师、资深教师等)。

教师职业生涯的规划内容分类可以归纳为教育教学实践发展、工作发展、事业发展、成就发展等。

三、教师专业发展规划的影响因素

教师专业发展规划的影响因素主要有四个方面，包含23个子因素。

(一)外界环境

第一方面是外界环境，有组织的需求，家庭的期望，社会的需求，科技的发展，经济的兴衰，政策、法律的影响6个因素。

(二)自我认识

第二方面是自我认识，有个人的兴趣、爱好与特长，个性与价值观，目标与需求，情商，工作经验，优缺点，学历与能力，生理情况8个因素。

(三)人生目标选择

第三方面是个人目标选择，有设定目标的原因，达成目标的途径，达成目标所需的能力、训练及教育，达成目标可能得到的助力，达成目标可能遇到的阻力5个因素。

(四)落实生涯目标措施

第四方面是落实生涯目标措施，有教育、训练的安排及规划成长机制的具体化，获得发展的安排，排除各种阻力的计划与措施，争取各种助力的计划与措施4个因素。

教师专业发展规划的影响因素与知己、知彼与抉择之间有着内在的联系。首先，从上述23个影响因素分析来看，它们与知己、知彼与抉择具有关联性。其次，无论是教师专业发展阶段的适应期、成长期、成熟期、高原期、超越期都包含知己、知彼与抉择3个要素。在此，综合上文来看，教师专业发展规划应考虑知己、知彼与抉择。

第四章 新时代高校教师发展与教育研究

第一节 叙事研究与教师发展

20世纪70年代以来,西方教育科学领域发生了重要的范式转换,开始由探究普适性的教育规律转向寻求情境化的教育意义,研究方法也开始由传统实证主义和规定性模式向现象学与"描述—解释"模式转移。叙事研究以其独特的研究视角,体现出对人性的关怀与理解,它强调教育局限性情境的整体体验和意义建构,真正把教育教学问题的学术研究回归到丰富多彩的现实之中,使教育教学研究融入实践的滋养。叙事研究以一种新视野下的全新教育教学研究模式,给广大处于教育教学实践一线的教师提供了契机,教师完全可以寓研究于叙事中,通过教育叙事不断改进教育教学水平,促进自身的专业发展。

一、叙事研究的意涵

要想明确叙事研究的本质意涵,首先需要了解何谓"叙事"。目前学术界主张从四个层面对"叙事"加以解读。

第一,所谓叙事就是叙述事情,或者简单来说就是讲故事。

第二,叙事即故事,就是在一段时间之中发生的故事。

第三,叙事是一种文体,在小说中有悠久的历史。

第四,叙事也是一种思维方式,是人存在的基本方式,因此叙事无处不在,就如同普通语言、因果关系或一种思维和存在的方式一样不可避免。

上述这些定义,既包含了研究者对叙事研究的理性思考,也蕴含了研究者不同的价值取向。其共同之处就是它们对教育叙事和叙事研究的理解大致相同,都十分强调在故事中体验教育真谛、学习行动的策略。但也存在着一定的缺陷,就是如果缺乏足够的理论修养和发现的眼光,抑或研究个案缺少必要的暗示或阐释,叙事研究将无法顺利完成。我们认为,叙事研究与文学和心理学等学科中的叙事研究不同。文学中叙事研究是对故事文本的叙事结构的分析,心理学也多半是对被试叙说言语结构同一性的研究,简单地说,它们是叙事文本和话语的形式化的研究。而教育学中的叙事研究则更关注叙事的内容,通过细致描写的教育叙事文本,使人们深入地、丰富地理解教育生活。

叙事研究属于一种质的研究方法,它从根本上不同于自然科学的定量研究法。自然科学客观化的研究方法是通过假设、实验控制和数据统计分析等程序获得精确严密的结果;而叙事研究则是通过对现场的叙事材料进行分析,在分析过程中阐述叙事所表达的意义。由此可见,叙事研究是一种意义阐释的过程,它不以获得绝对正确可靠的结果为目的,它具有有别于其他研究方法的以下几个突出特征。

(一)反思批判性

叙事研究重视反思批判,叙事研究的过程就是研究者和研究对象不断反思批判的过程。首先,研究对象在叙事过程中,对自己的教育日常实践进行反思,通过回顾经历、总结经验和质疑问题,达到对问题的醒悟、理解和深化。反思奠基于经验,但又超越经验,叙述者通过个性化的叙述,从经验的反思中提炼出个人的实践性知识,凝结成个人的实践智慧。个人实践性知识和教育智慧体现在日常教育教学实践中,就是教育者教育教学行为的改进。其次,研究者可以以研究对象的叙事为载体,从多个视角反思批判教育教学理论与实践,深刻诠释教育教学经验及其意义价值。

(二)平等交往性

传统的教育研究方法要求研究者要客观实际,并与研究对象保持适当距离,以保证研究结果不带主观臆断。叙事研究则在不同程度上接近研究对象,并有意融合研究者和研究对象的现场经验,研究现场不再是"隔岸观火"或"隔靴搔痒",现场与研究者密切相关,是研究者的考察对象。传统教育研究方法追求客观中立、价值无涉,因而研究中要避免主观因素的干扰。而叙事研究是对个体生活意义的阐释和理解,而不是对某种事实进行说明。人与人之间的理解是在平等交往的基础上,在对话中展开的。这样,个体可以以自身的体验去理解他人的体验,最终达到视界的相互融合。在叙事研究中,研究者与研究对象是一种平等交往关系,也只有在这种关系的基础上，研究者与叙事者才能达到相互的理解，也才能对研究对象的叙事做出客观、深入和合理的阐释。

（三）意义诠释性

叙事研究的目的是研究者通过对研究对象个人经验的深入描绘，挖掘蕴藏于教育事件背后的意义世界。首先，叙事本身就携带着意义，叙事的过程就是意义诠释的过程。研究对象在叙事过程中，自身的想象力决定着叙事的内容情节以及对个体生活的意义，叙事过程也就是对自身的身份与教育生活意义的诠释过程。其次，研究者要对研究对象的个人经验和意义建构进行再诠释。研究者置身于教育的自然情境中，尽量搁置自己的主观意见，在倾听研究对象的故事的同时，要不断思考对方是如何看待自身的经历的，并且要将研究对象的故事放在特定的背景下理解。与此同时，研究者要以自身的体验理解研究对象的经验，在双方的交流、互动中达到相互融合。

（四）动态开放性

传统研究方法在于寻求普适性的教育规律，目的在于为教育教学活动提供一套固定的和现成的答案。然而，由于其量化研究追求的是精确化和抽象性，从而远离了教育日常生活，不可避免地会产生理论与实践的对立或脱节。叙事研究的目的不在于寻求普适化的教育规律，而注重具体教育教学实际问题的解决，在于教育教学经验的意义重构和教育主体的健康发展，并由此期望激发双方共鸣，使倾听者与阅读者获得基于自身的启示。由此可见，叙事研究具有动态开放性的鲜明特征，这也就决定了叙事研究的结果是一种个体性、情境性、带有价值取向和主观色彩的知识，而不是普适性或客观化的死板教条。

（五）自然探究性

叙事研究要求研究者回归教育生活世界，在教育自然情境中把握复杂多变、丰富多彩的教育现象，通过对教育现象的描述和阐释，揭示教育的本质和意义，所以研究是在教育教学的自然情境中进行的。首先，研究者要置身于教育教学的自然情境之中，深入实地进行研究。研究者通过与研究对象直接接触和面对面的交往，观察体验他们的生活，从而获得丰富翔实的资料，并由此增进对他们的理解。其次，自然主义的探究风格还表现在研究者要注重教育现象的整体性与相关性,对教育事件要进行整体性考察。不仅要把教育事件放在特定的社会文化背景中,考察事件发生发展的原因,还要了解该事件与其他事件之间的关系。通过对教育现象的整体理解,从而更加深入地了解和把握所要研究的教育事件。

二、叙事研究的意义

(一)促进教师的反思性实践

反思是教师专业发展所追求的一种实践品格,它主要是以教师自己的教育教学实践活动为思考对象,对自己在教育教学实践中的行为及由此产生的结果进行深入审视和分析的过程。有学者认为:"教师对职业活动的反思、在职业活动中的反思和为了更好地从事职业活动而进行的反思,使他在自我觉察的反思中寻到自己发展的有效途径。"教师个人教育教学经验叙事恰恰是反思性实践的最好路径,它以多元而生动的叙事样式呈现和描述教师的经验、行为以及作为群体和个体的生活方式。教师通过自我叙述来反思自己的教育教学生活,并在反思中改进自己的教育教学实践,重建自己的教育教学生活。在叙事研究中,教师的反思性实践主要包括以下几个方面:

一是对教育教学行为的反思。教师首先要对自己的日常教育教学行为进行不断的反思,向自己提出一个又一个的问题,在反思中深化对教育教学行为的认识,超越原有的经验,并透过经验洞察教育行为的本真价值,在对教育教学深入理解的基础上,不断改善自己的教育教学行为。

二是对教育进行信念的反思。教师教育教学行为的背后都蕴含着一定的教育教学信念,它内隐于教师的个人实践性知识体系之中,作为隐性知识发挥着重要作用。教师在叙事研究中,内隐的教育信念不断显性化,教师能够明确意识到是什么样的教育教学信念在支配着自己的教育教学行为,哪些教育教学信念是正确合理的,哪些有待进一步修正完善。在反思的基础上,教师不断吸收新的教育教学理念,重构自己的教育教学信念。正如有学者指出的那样,由经验式、无意识的朦胧教育信念向以知识、系统为基础的教育信念不断演进,以至有意识地构建清晰的、理想的教育理念,并随着时代的发展随时予以更新,是教师逐渐走向专业成熟的一个重要维度。

三是对教育教学理论的反思。叙事研究重视教师"实践话语体系"的生成,但这并不意味着可以否定教育教学理论的价值。叙事研究的真正意义就在于教师与教育教学实践相碰撞而产生的理论能落实到实践之中。教师在叙事研究中,会基于实践背景重新解读理论概念与原理,教育教学实践有了较强的理论吸纳能力,教育教学理论与教师个体的具体实践情境和经验有效融合,并不断形成教师专业领域中最有价值的实践智慧。

(二)增进教师间的合作与交流

教师合作共同建设学校合作文化是教师专业发展的重要保障和主要标志。对此,有学者就指出:"专业文化的生成基础是课堂教学实践中的反思性思考,其文化表现是以儿童的成长与自身实践的案例为故事来报告的'叙事'样式。建设这种'叙事'的语言与修辞所结合的专业共同体,就是我们所期望的。"叙事作为一条纽带,把教师连接为一个成长共同体。教师通过合作叙事,营造一个把他们彼此连接起来的语境,教师用生活世界的朴素的言说方式,叙述自己的故事,交流各自的经验,教师的实践智慧得以共享积累和传承。教师合作开展的叙事研究主要有教师集体合作叙事和教师与教育研究者合作叙事两种形式。所谓教师集体合作叙事,是指教师以小组为单位进行的集体叙事和反思活动,教研组是比较适合集体叙事的组织形式。其具体操作步骤是:第一,由教研组长负责组织叙事研究,确定叙事研究的时间,征集叙事研究的主题。第二,每次叙事研究确定一个主题,主题要有典型性、代表性。大家围绕主题,各自叙述与主题相关的一个或几个事件。大家就这些事件展开讨论,自由抒发自己的意见,每个教师的意见都将得到尊重。第三,大家集体讨论后,确定一个或几个典型事件作为叙事研究的素材,每个教师写出自己的叙事研究报告,作为共同的资源由教师分享。教师集体合作叙事有利于打破教师之间的隔离状态,有利于教师之间的沟通和经验的分享,有利于教师相互合作和学习。所谓教师与教育研究者合作叙事,是指学校聘请大学教育专门研究人员,为教师的叙事研究提供咨询指导。在这种合作的叙事研究中,教育研究者与教师的关系必须重新界定。叙事研究是一种实践性研究,教师是研究的主体。研究的目的在于改进教育实践,其内容在于实践性问题的解决。教育研究者为叙事研究提供理论支持,并且就理论研究与教师的实践研究展开交流,使教育理论在实践中得到检验和修正。教育研究者与教师的关系不再是权威与服从、主体与客体的关系,而是一种建立在合作基础上的平等交往关系。教师与教育研究者合作构建叙事共同体,就教育实践和教育理论研究展开合作与交流,既解决了教育的具体问题,又丰富了理论研究的成果,在合作中实现理论与实践的良性互动。

(三)提升教师的教育研究能力

虽然教师拥有丰富的教育教学实践经验,但往往由于不能用专家认可的"理论话语"加以表述而难登大雅之堂,这样就不可避免地使教师教育研究的积极性被严重压抑。在叙事研究中,教师是研究的主体,研究的目的是解决教育的实际问题,教师的经验以叙事的方式形成"实践话语"。经验具有了理论的形式和特质。教育叙事为教师提供了一条"使用生活世界的朴素的说话方式"表述教育实践经验的途径,提高了教师参与教育科研的积极性。教师的叙事研究是对已经发生的教育事件的描述和分析,确定问题、解决问题以及对教育意义的揭示是叙事研究的重点。教师首先要有问题意识,面对教育实践中纷繁复杂的问题,要敏锐地意识到哪些问题具有研究价值,问题背后蕴藏着什么教育意义,从而将这些问题确定为叙事研究的课题。问题意识的形成要靠教师平时的观察和思考。教师还要对解决问题的过程进行描述和分析,并从多个角度探索解决问题更好的办法,这就倡导教师与专家和同事的合作交流。揭示教育事件背后的本质是叙事研究的重点和难点。教师要掌握一定的教育理论,教育理论能够引导教师不断地用新的认识框架重新审视教育事件并赋予其新的教育意义。在叙事研究的过程中,教师的科研意识、科研能力以及合作研究能力不断提高。叙事研究为教师参与科研提供了一条道路,教师参与科研可以使教师从日常繁杂的教育教学工作中脱身出来,获得理性的升华和情感的愉悦,提升自己的思想境界和精神品格。在叙事过程中,教师体会自身存在的意义和价值,逐步提升职业自信心和认同感。教师做叙事研究的过程,其实也是一个自我肯定和自我实现的过程,是一个专业能力不断提高的过程,是一个获得职业自信心和认同感的过程。

三、叙事研究的种类

(一)教学叙事

教师最主要的职业生活是课堂教学生活,教师所寻求的对教育实践的改进主要是对教学生活的改进。由此可见,教师的叙事内容主要是由教师亲自叙述课堂教学生活中发生的"教学事件"。这种对教学事件的叙述即为"教学叙事"。教学叙事绝不是"镜像式"简单地记录教学生活,而是需要有鲜明的主题或引人入胜的问题:要有解决问题的情境性、冲突性和过程性等的描述;有解决问题的技巧和方法的分析与升华;有解决问题过程中及过程后的批判性反思;有获得的经验或教训的总结和评价。因此,教学叙事通常采用"夹叙夹议"的方法,将自己对教学的理解以及对某一节课的反思插入到相关的教学环节中,用"当时我……独想起……如果再有机会上这一节课,会……"等方式,来表达自己对教学改进的深入思考。由于课堂教学是教师最日常的教育生活,因而教学叙事的实质是反思教学实践过程中有价值和有意义的资源,它对教学能起到剖析、反思、借鉴和启迪的作用,是叙事研究的一种最主要类型。

(二)生活叙事

叙事理论认为,生活中充满了故事,人的每一次经历其实也就是一个故事,人生就是故事的持续不断的发展过程,同时每个人都是自己的故事的叙说者。教师"叙述"自己的教育故事,实质上就是在"反思"自己的教育实践。教师参与教育研究并不单纯是为了发表论文,炫耀某种研究成果,而更重要的是"听教师讲述自己的故事"。除了参与"课堂教学"之外,教师还大量地参与其他活动之中。由此可见,教师的教育叙事除了"教学叙事"外,还包括教师本人对课堂教学之外所发生的"生活事件"的叙述,它涉及教师的教育管理工作,如"德育叙事""管理叙事"等,它们一起构成了教师的"生活叙事"。正如一位老师曾经说过的那样:"这类生活叙事比教学叙事更具有可读性,因为这些生活叙事与教学相关,又没有生活界限,适合于所有学科的老师阅读。"

(三)自传叙事

所谓自传叙事,是指教师通过对个人成长或成长某一方面的梳理,然后去发现这一阶段对教师教育生活的重要性,或梳理某一时间段教师对个人教育的观念性转折,并经由自我反思、自我评价,而获得某种自我意识。在这种叙事中,是"我"在讲述自己教育教学中的亲身经历,"我"是故事的组织者与建构者。当教师讲述自己的教育故事时,这种谈论教育的方式有些像叙述自己的"自传",因而一般又把它称为"教育自传"。自传叙事从其本质上来看,是一个从"个人生活史"、从"个人生命经历"中透视整个世界的过程,它充满着生命的体验和生命的感动,容易打动人心、产生共鸣。在对自我教育生活的发现和认同的同时,也是对教师人生的丰富性、价值性的发现和认同,更是对作为教师存在的个体内在心灵世界的丰富与充实的发现,教育叙事也因此成为教师改变单调而平庸的教育教学生活的最重要方式。

四、叙事研究的过程

关于叙事研究的过程及其基本环节,学术界存在着不同的认识和理解。加拿大学者康纳利和克莱丁宁倾向于把叙事研究分为现场工作、生成现场文本和由现场文本转换成研究文本三个阶段。我国学者王楠认为,叙事研究应包含以下流程:确定研究问题、选择研究对象进入研究现场、进行观察访谈、整理分析资料、撰写研究报告。侯怀银等人则认为教师叙事的过程包括:观察思考形成问题、设计结构、深描归纳、意义阐释。上述这些研究虽然提出了叙事研究的一般框架和具体的操作方法,但研究尚缺乏系统性,对叙事研究过程中有重要影响的因素并未能做深入探讨。基于此,我们认为,教师叙事研究的过程可分为以下五个基本环节。

(一)确定研究问题,选择研究对象

确定研究问题不仅是叙事研究而且也是所有研究的基本逻辑起点。正如有学者指出的那样,在一切研究的阶段,一个重要的方面就是必须时刻留心人们的有创见的问题并密切关注生活体验。这些生活体验使我们有可能首先提出"它是什么样子"这样的问题。生活体验指向生活中的现象,因此必须善于从教育现象中发现真正有价值的问题。

首先,研究者要确定自己所要研究的现象。研究的现象也就是研究将涉及的领域范围。研究者对某种现象的指向总是暗示着生活中特定的爱好、定位或观察视角。研究者必须深入思考自己的兴趣、爱好到底是什么,真正关心的问题是什么。只有弄清了这些问题,才能投入所要研究的现象中去。对研究现象的指向,不但与研究者本人的兴趣、爱好有关,也和研究者的经历和资源有关。其次,研究者要明确研究问题。研究者应该选取有意义、有价值的问题进行研究。有意义、有价值的问题一般包含两

方面的含义:"一是研究者对该问题确实不了解,希望通过此项研究对其进行认真的探讨;二是该问题所涉及的地点、时间、人物和事件在现实生活中确实存在,对被研究者来说具有实际意义,是他们真正关心的问题。"为了发现有意义、有价值的问题,研究者必须要有问题意识。哲学家伽达默尔认为,问题的实质是敞开可能性,并保持这种可能性的敞开。但只有当我们能够以一定的方式保持自身的开放,我们才可能做到这一点,这种方式就是:在对问题的长久关注中我们发现自己感兴趣的是首先使问题成为可能。真正地质疑某一事物也就是从我们生存和存在的中心出发去探讨这一事物。研究者确定所要研究的现象以后,就要从一个比较宽泛的视野逐步缩小关注的范围,不断聚焦,最后集中到一个或几个问题上。随着研究的不断深入,需要研究者随机应变,及时调整研究问题。

(二)进入研究现场,建立合作关系

叙事研究是研究者与被研究者相互合作、相互对话的过程。对于专业研究者而言,可以通过以下两种方式进入研究现场:第一,通过正式的学校体制进入现场。这种进入现场的方式其优点在于能够得到学校管理者的认可和支持,容易获得学校管理者的相关资料,但其缺陷在于研究行动的开展或研究资料的收集难度相对较大,往往因为研究对象的疑虑或不配合而遭到拒绝。第二,通过非正式的渠道进入现场。研究者可以通过老师、朋友同学、亲戚等个人关系进入调查现场,凭借与某个研究对象之间良好的个人关系,研究者可以很快融入社区及学校生活,便于深入细致地进行研究。研究者采用这种方式容易得到研究对象的合作与信任,有利于研究活动的开展和研究的深入。不仅如此,有些研究者也开始涉猎自己所熟悉的家乡,这样研究对象似乎并不是那样陌生和遥远,如司洪昌所撰写博士学位毕业论文《嵌入村庄的学校——仁村教育的历史人类学探究》(2006年),就记述了作者的亲身经验、作者的家乡以及家乡的学校。

(三)收集叙事材料,形成叙事文本

研究者进入研究现场,要善于通过多种方式收集叙事材料。在这一阶段,研究者与研究对象之间的合作与互动显得尤为重要。研究者要与研究对象建立良好的合作关系,就必须走进研究对象的生活世界,用研究对象的眼睛亲自观察丰富多彩和变动不居的世界,用心灵去感受研究对象的内

心体验,分享研究对象的经历。唯其如此,研究者才能获取丰富的、真实的叙事材料。研究者收集叙事材料的途径和方法主要有:

一是近距离观察法。这是叙事研究者最常用的收集研究对象经历素材的方法。近距离观察法要求研究者融入研究对象的生活世界,与研究对象一同做他喜欢做的事,一起听音乐,一起交流对一本好书的看法等。近距离观察法力图打破通常意义的观察方法所造成的距离限制,从多个方向观察研究对象。研究者要保持对所观察情境的敏感性,以便能不断对其意义进行反思。近距离观察法所收集的素材是轶闻趣事,在收集轶闻趣事的过程中,研究者认识到日常生活的"文本"哪些对研究有意义。

二是个别访谈法。研究者根据自己想知道什么设计一系列适当的问题,然后以这些问题为基础展开个别谈话,以获取自己想要的信息。个别访谈必须是开放性的,双方以开放的态度,创造性地交流各自的经验,获得更为深刻的自我了解。研究者首先是一个优秀的倾听者,善于倾听访谈对象的谈话,乐于分享他们的经验,从而能将传统的单向回应访谈转换成访谈者与被访谈者之间的双向交流;会适时地引导话题,把握谈话的走向。

三是自传、传记和个人生活史。这是对个人生活经历的记录和描写,叙事研究者能从中找到与教育意义相关的部分,从而深入理解研究对象的生活经历及其所蕴含的教育价值和意义。

四是日记和笔记。这种研究方法对于叙事研究有着重要价值。日记和笔记不仅能记录对个体产生重大影响的事件,而且也包含了个体对这些事件的反思,它是对个体生活故事的再阐释。

叙事研究者在掌握了大量的叙事材料之后,要对叙事材料进行整理加工,创作成叙事文本,把研究成果以叙事文本的形式呈现给读者。叙事文本的写作是一种创造性活动,没有一套固定的步骤可以遵循,其基本框架主要包括:

第一,确定主题。主题是叙事材料转换为叙事文本的关键。主题是经验的焦点、意义和要点,主题是对意义的需求或渴望;主题是对事物保持一种开放性,主题是创造、发现和揭示意义的过程。叙事文本的主题总是和某种观念化的思想相联系,主题赋予作品以深度感。叙事性写作的主题提炼是"自下而上"的,是叙事研究者从具体的教育事件和活生生的教育经验中提炼出的"扎根理论"。

第二,确定叙事结构。文学的叙事结构可以为教育叙事文本的创作所借鉴。叙事情境和叙事方式是叙事结构的主体,文学中最基本的叙事情境有三种:一是第一人称叙事情境。叙述者存在于虚构的小说世界,第一人称叙述者就像其他人物一样,也是这个虚构的小说世界中的一个人物,人物的世界与叙述者的世界完全是统一的。二是作者叙事情境。叙述者外在于人物的世界,叙述者的世界存在于一个与小说人物世界不同的层面。叙述者采取的是外在聚焦。三是人物叙事情境。在这种叙事情境中,叙述者被一个反映者所取代,这个反映者是小说中的一个人物,读者通过这个反映者的眼光看待小说中的其他人物和事件。在这些不同的叙事情境中,有一个极为重要的要素——叙事方式的差别。这种差异表现为:在叙事中"究竟由谁在叙述"?叙述者外在于故事,叙述者就是讲故事的人,他作为传达信息的中介存在于文本中,这是讲述的叙事方式。与讲述相对应的是展示的叙事方式。在展示的叙事方式中,一般找不到叙述者的影子,而只能发现有一个充当着"反映者"的角色人物,所有的故事情节都是在这个反映者的视野中逐步展开的。

第三,确定叙事风格。传统研究是客观的和非个人化的。叙事研究则由于"研究者的在场",而带有了很大的主观性。鉴于此,叙事文本的写作要体现个人风格,可以用散文、诗歌等不同的风格撰写,具体的写作方式可以是独白、对话、事实描述和解释性的叙事等。

第四,进行深度描述。叙事文本的写作强调对教育事件的场景、情节和过程进行整体性、情境化和动态的"深度描述"。"深度描述"不仅仅是记录人物的所作所为,而是去详细描述情境、情感以及人际交往的社会关系网络,它必须能将其所描述的东西活生生地呈现出来,从而唤醒人们的情感与内心感受。它能将历史插入经历,以求把交往情境中个体的经历意义及其发展顺序揭示出来。在深度描述中,交往个体的声音、情感行动与意义不仅能被人听到,而且能被人看见。叙事研究者要敏锐地捕捉教育教学情境中有意义的细节,通过深度描述,刻画出栩栩如生的活动场景,并呈现出研究对象是如何理解其周围所发生的事件的,从而使读者身临其境地体会其所描述的经历与事件。

第五,解释叙事文本。叙事研究的目的是通过故事的讲述揭示行为背后的意义。意义需要理解和解释,因此解释在叙事文本的创作中占有重要地位。叙事研究的解释框架不仅包括教育学的理论和概念,而且包括研究者从研究对象的经验中提炼出的"扎根理论"和"本土概念"。它们以经验事例为依据,与特定的使用情境相联系。在叙事研究者看来,只有情境化的理论才能有助于揭示教育教学问题的复杂性。

(四)分析研究资料,重新讲述故事

资料搜集和现场文本的任务结束后,研究者接下来需要开展的一项工作就是系统分析和讨论包含着研究对象经历故事的现场文本,并重新讲述故事。这一过程主要包括以下几个基本步骤。

第一,阅读现场文本。离开现场后的资料分析首先要求研究者熟悉现场文本的内容,认真阅读资料,仔细琢磨其中的意义和联系。在分析资料前,研究者要做到通读资料,对资料做到了如指掌。在阅读现场文本的过程中,研究者必须将自己对该现象事先具备的知识背景放入括号存而不论,让资料原原本本地进入到自己的思考之中,不让自己原有的假设妨碍自己原原本本地接受资料。研究者须对所收集的资料采取开放和尊重的态度,尽量避免个人的解释或评论,让资料中存在的意义自然显现。其次,研究者还应重视在阅读中产生的反应和体验。在阅读现场文本的过程中,文本不断地向研究者提出一个又一个的问题,为了要理解、回答这些问题,就必须理解特定的阅读情境,也必须对自己的生活经验进行反思和整理。每次阅读总会给研究者带来不同的感受和体验,每个新的感受和体验都有可能成为理解的重要线索,都可能创生一个新的意义世界。这个新的意义世界既不是现场文本所呈现世界的翻版,也不是研究者原本的主观世界,而是两者在互动之中创造出的一个新的意义世界。阅读资料的过程就是在资料中寻找意义的过程。寻找意义主要是发现文本中所呈现出来的重要讯息,包括寻找重要的词、短语和句子表达的概念,资料中的各个段落以及主要的句子之间的联系,某些语言、词汇出现的情境和用途,整个资料中出现的各种事件和它们之间的联系,整个资料包含的故事线索,参与者非口语的、言外之意的沟通层次等。

第二,编码转录故事。编码转录是分析研究资料中一项最基本的工作,也是规范合理的叙事研究中必不可少的环节。在阅读原始材料、寻找原始材料中意义所在的基础上,研究者把搜集到的现场文本按照故事所包含的基本元素进行编码、转录。编码是对资料进行解读的一种方式,是研

究者对资料进行分析的基本概念框架。有研究者根据自己的研究经验,提出了多种编码系统的内容和结构。分析资料是一个不断演化的过程,在分析过程中,一些新的码号可能出现,某些旧的码号可能需要修改或抛弃,一些下位类属和上位类属也可能会从原来的码号中分化出来,因而需要研究者对现有的编码系统进行相应的调整。在调整编码系统时,我们不仅要检验该系统是否反映了原始资料的真实面貌,而且还要考虑这个系统是否能够在撰写研究报告时有效地为自己服务。研究者可以参考相关的编码系统分析现场文本,在资料中提炼出那些频繁出现的或是带有感情色彩的有意义的内容,为这些意义单位设置数字或赋予字母码号,把相应码号标注在资料中有关内容旁边。在编码的基础上,研究者还需要按照一定的标准对现场文本进行转录。所谓转录是指将基本主题或故事线索从现场文本中抽取出来重新加以组织的过程,即按照码号所代表的概念意义重新组合现场文本,将具有相同属性的文本归类并转录在一起,将不同属性的文本按照叙事线索建立联系并加以排列,从而形成一个体现原初生活世界、保存故事原貌的精简叙事结构。

第三,重新讲述故事。研究者按照研究的主题和思路,进一步完善、深化和重构原初的叙事结构,通过反思自己真实的在场体验,力图从被研究者的视角出发,重新讲述故事。只有按照一定的逻辑顺序组织后,研究对象所讲述的故事才能够被更好地理解。重新讲述故事对于叙事研究者来说是具有挑战性的工作。由于叙事涉及两个必要的因素,即故事与叙者,因此两者之间必然存在着不同的关系,这便构成了不同的叙事情境。一般而言,研究者可以采用两种不同的叙事方式:其一是讲述的叙述方式,即叙述者外在于故事,叙述者就是讲故事的人,他与故事中的人物距离较远,作为传达信息的中介存在于文本当中,他记录、讲述、评论和解释着故事,与读者交谈。在这种叙事方式中,由于有了叙述者的暗示和引导,读者很容易形成自己的明确结论。其二是展示的叙述方式,即所有的故事情节在反映者的视野中展开,没有一个讲述者向读者传递信息,读者则亲历事件发生发展的过程。随着故事的不断发展,读者直接进入这位人物的内心世界,感受着他的感受,思考着他的思考,领悟着他的领悟。在这种叙事方式中,读者只是随着故事人物的意识四处游走,故事中存在着大量的不确定的意义空间,文本具有更多的开放性和自由性。

(五)撰写研究文本,形成本土化理论

完成叙事研究报告的过程,也就是把现场文本转换成研究文本的过程。加拿大学者康纳利和克兰迪宁认为:"从现场文本到研究文本的主要转变是研究文本为其他研究者和参与者而写,并超越现场文本中捕获的经验的特殊性。"这便要求叙事研究不应仅仅停留于描述故事和再现生活,还应通过归纳分析现场文本,尝试自下而上地建构理论。如马佳关于一所农村学校教师合作的个案研究,就是以浙北一所普通农村学校为研究对象,通过实物呈现、研究者亲历及教师言说等多个方面收集资料,呈现出教师合作的详细图景,整理出教师合作的组织、制度、内容等,在分析的基础上提炼出教师合作的本土理论,并揭示出教师合作中存在的问题。透过这所农村学校教师合作的多个图景,揭示出课程改革的理想与农村学校教育现状的矛盾,教师教研组内教师求同与独立之间的冲突、农村学校中不同学科教师及同一学科教师合作的缺失。由此可见,研究者对叙述事件之间的相互影响和相互作用关系进行了梳理,通过分析和比较收集来的各种叙事素材,成功地将这些零散的叙事素材转换成完整的学校场景,生动地再现了这所学校中教师合作的现状,并在此基础上提升出农村学校教师合作的本土化理论。

第二节 行动研究与教师发展

行动研究既是一种教育研究的类型、方法或策略,又是教师进行教育教学的方法,具有重要的方法论意义。作为沟通教育理论与教育实践的桥梁和中介,行动研究十分适用于教育研究和教育实践领域。由于教育活动的复杂性,教育理论在其发展过程中不仅流派众多,而且观点往往存在较大差异,这些都会使教师无所适从,致使教育理论远离了鲜活而丰富多彩的实践。行动研究的兴起,是教育工作者试图从理论与实践关系的新视角,建立一种不同于传统的研究与教育的新观念、新理论所做努力的结果。在教育领域,行动研究正越来越受到人们的普遍关注。

一、行动研究的意涵

"行动"和"研究",在西方社会科学工作者那里,是两个用以说明不同的人从事的不同性质的活动的概念。"行动"主要是指实践者、实际工作者的实践活动和实际工作;"研究"则主要是指受过专门训练的专业工作者、学者专家对人的社会活动和社会科学的探索。

二、行动研究的方法

行动研究并不存在某些固定的方法和技术,其收集资料和分析资料的方法和技术,是建立在不断自我调整的螺旋式加深的结构和过程基础上的,是为对这一结构进行及时准确判断和调整服务的,只要适合于这一结构和过程,任何一种方法,不论是定性的或质性的,还是定量的都可以使用,甚至还可以自己创造方法。正因为如此,具体运用什么方法和技术进行研究,研究者有着不完全一致的理解,使用的方法和技术也不尽相同。但这其中也有不少是通用或较有特色的,主要包括以下四个方面。

(一)观察法

观察法是行动研究中最常用的一种方法,它可分为参与性观察和非参与性观察两种类型。参与性观察要求研究者作为正常的一员,参与到被研究的活动中去,与被研究群体的文化融为一体,在与被研究群体的自然关系中从事观察活动,这种观察通常是在被研究群体没有意识和不设防的情况下进行的。因此,它有利于观察者观察到被研究群体的真实而自然的情况。非参与性观察则不要求研究者作为小组一员参与小组的活动或担当角色,不要求研究者扮演群体中的成员。研究者是在与研究现场或研究活动保持距离的情况下进行观察,所关心的主要是被研究者或群体的行为情况,而不是通过研究者的参与去获得对被研究者行为的了解。非参与性观察的重点在于不运用引人注目的资料收集策略,有效地记录被研究者的行为,不以外部强制的活动去影响观察对象固有的精神和文化特质,避免对被研究者及活动自然发展过程的干预。

观察法具有自身的以下一些优势:首先,观察法要求在被研究者的自然活动状态下进行观察,这是比较适合教育教学活动特点的。教育教学活动过于复杂,很难加以人为的控制,即便进行了控制,观察所得资料也失去了它在正常、自然的教育教学环境下的使用意义。在被研究者处于自然状态下所进行的观察,能够使研究者得到被研究者的真实资料。其次,与调查研究等其他方法相比,观察法所涉及的内容更为丰富,可了解被观察者的非言语行为,如面部表情、手势、动作等。

当然,观察法也存在自身的一些局限性:首先,观察所得到的资料往往难以量化,它通常是定性或质性描述性质的,不利于测量和计算,很难在量上加以把握。其次,观察是观察者就自己的视野所及进行的囿于观察法本身的局限,所能观察到的范围通常是比较小的。再次,正因为观察法的范围较小,依据这种观察所获得的研究结论是有一定局限性的,难以在更大范围内推广使用。最后,在参与性观察中,观察者置身于观察现场,可能不自觉地影响到实际情境,引起反常行为,形成非自然的结果,影响观察和研究的真实性。

(二) 研究日志法

研究日志法是研究者为给自己的反思提供素材,将自己的研究实践记录下来的一种研究方法。研究日志一般包括个人日志、备忘录和记录等三种类型。个人日记是一种个人文献,是融入了丰富的个人情感的有关对事物的简介和评论,通常是每天记或定期记;备忘录属于非个人文献,是不加入个人的情感色彩、力求客观地对事物或活动的记录,一般范围较小;记录是对所发生事情及处理情况的详细描述。研究日志法的意义在于:它是研究者较为熟悉的一种方法,比较简单易行;它可以记录多方面的资料,包括那些可以通过参与观察、个别访谈和对话等方式收集到的资料;它可以随时记下自己的灵感和偶发事件,反省每天的研究结果,对原始资料做出解释性评论;它可以对研究者自己的身份和使用的方法进行反思,增加对自我的了解;研究日志中记录的思想可以发展为理论框架,凭借这个框架可以进一步收集资料和分析资料。

(三) 三角互证法

三角互证法最初用于测量学和军事学,其基本内涵是:要测定某一个点的位置和距离,不能只从一个点去观测,而至少从两个点去观测才比较准确。它要求将来自不同角度所收集的资料置于一个更加一致的参考框架或关系中,以便能相互比较和对照。20世纪70年代,美国学者艾利奥特·W·埃斯纳把它引入行动研究之中,他要求行动研究者不仅应用不同的方法去研究同一问题,而且应从不同的角度,让不同的人去分析评价同一现象、问题或方案。他认为行动研究者观点之间的一致性和差异性对行动研究的结果都极为重要。处在最易获得对教育教学情境的目的和意向位置的实践者是教师,学生则处在最易解释教师的行动怎样影响他们对情境反映的最佳位置,参与观察者处在收集可观察到的教师和学生之间互动特点资料的最佳位置。最后通过比较从一种立场获得的资料与另一种立场获得的资料,三角形的一端就可以据此获得更加充足的资料来进行测试和修正。

(四)个案研究报告法

撰写个案研究报告的目的,是科学地总结已有的研究工作,用简洁、容易理解的写作形式反映研究成果,让研究对象、参与者、合作者、研究者及时掌握研究信息。行动研究一般都历时较长,会花费实践者很多的时间。简短的研究报告能使实践者在繁忙中理清思路,及时报告实验的内容和对行动结果的设想。简短的个案研究报告允许采取各种不同的写作形式,鼓励所有的参与者都参与写作,使参与者和关心研究的人都能参与到对研究报告的评议中去。

行动研究的上述方法和技术是较为常用的,但并不是其所专有的。应当说,方法和技术并不是成功进行行动研究的唯一保证,由于行动研究往往涉及"局外人"参与或介入"当事人"的工作和活动现场,"当事人"的行动过程和感受常常受到"局外人"的观察、监督、记录和采集,"局外人"和"当事人"的关系问题在行动研究中显得较为突出,两者需要密切合作。因此,在每一个行动研究项目设计总体计划时,就必须协商确定行动研究的"当事人"和介入行动的"局外人"的平等协作关系,规定"局外人"参与行动、深入现场和采集资料的方式,商定保管和处理所获原始资料的办法和资料扩散的对象、范围、目的、时限和方式,建立一个由各方认可,并自觉遵守的"道德框架",在框架规定的范围内工作,这也是开展行动研究不可忽视的重要环节。

第三节 教学研究与教师发展

英国课程与教学论专家斯腾豪斯"教师即研究者"思想的提出,改变了教师传统的工作方式和生活方式,为教师的专业发展提供了崭新的视角和机遇。但是,从现实的教育实践来看,人们对"教师即研究者"却存在着一定的认识误区,认为教育研究就是要像专家学者那样进行未知世界的科学探究活动,而教师的本职工作是教学,教学研究却是可望而不可即的。其实,教学研究并不是什么神秘高深的领域,它具有自身独有的特点,融入于教师日常教学工作的全过程之中。对此,有学者在分析和探讨教学的"类研究"和"类融合"的基础上明确指出:"教学研究的空间首先应该向'下'拓展。即向基层的教学实践拓展,因为教学实践是教学研究的源头活水。"从另一种视角进行解读,可以对教学研究获得更有价值的认识和理解,也更有助于把教学研究由理论形态推向鲜活实践,成为教师的一种专业自觉和专业生活。

一、教学研究的意涵

所谓教学研究,是指教师深入课堂教学场域中研究教学内部构成要素及其相互关系,并探索和总结教学科学规律、解构和诠释教学人文现象的一种研究活动。从教师开展教学研究经历的三个阶段来看,教师的教学研究表现出以下几个突出特征。[①]

(一)教学研究是一种基于教学活动中"小现象"的研究

从本质上来看,每个教师在日常教学实践活动中,其实都在自觉或不自觉地进行着教学研究。因为每位教师在教学实践活动中不可避免地会遇到大量随机的、偶发的、情境的、个别的问题,如如何应对混乱的课堂秩序、如何让学生积极举手发言、如何有效地使用多媒体设备、如何开展师生互动等等。"尽管这些现象很'小',并极容易被忽略,但却真实地发生在教师自身或身边,且在时时牵动着教师的神经,常常触动着教师的心情"。

---

① 刘乐乐,梅媛,贾玮莉.高校教师教学发展中心职能研究[J].内蒙古科技与经济,2021(16):27,29.

在日常教学生活中,教师总是自觉或不自觉地开始对自己教学活动中经常出现的这些"小现象"进行持续的关注、反思和探究,力图使教学活动以更加有效的方式得以展开,以在有限的时间内引导学生获得更好更快的全面发展。教师"发现这些小现象的过程,其实就是发现问题的过程;提升这些小现象的过程,其实就是归纳问题的过程;解决这些小现象的过程,其实就是研究这些问题的过程"。而教师一旦通过思考和实践,解决了这些自己在教学实践活动中关注的"小现象",也就意味着教师专业实践能力的不断提高,教学有效策略和科学方法的不断掌握,从而大大提高了教学的效率和质量。

(二)教学研究是一种基于教师教学实践体验的研究

教师是一个实践性很强的职业,教师的职业特点决定了其知识能力的提升必须依赖于具体的教学情境,也就是一刻都离不开教学实践体验。"再丰富的教师专业知识也唯有在具体的教学情境中,在基于教学现场的知觉体验和领悟中,不断被重塑,才能被激活,成为真正有用的知识。同时,教师的专业知识才能转化为一种超越技巧的实践智慧"。这就是说,教师的教学研究往往要经历"关注现象—发现问题—学习思考—实践探究—感悟行动"的复杂过程。关注教学中的"小现象"能够使教师"有惑",从而产生教学研究的原动力;对这类"小现象"的持续关注和思考,能够使教师"有疑",教师教学研究的目标性会大大增强;为了解决这一问题,教师开始寻求专业支持,包括阅读理论书籍、向专家咨询、积极吸取和借鉴他人经验等多种形式的人际互动和交流,在此基础上反思自身的教学行为,酝酿可能的解决策略,能够使教师"有思",奠定了教学研究的行动基础。这些理论和知识、方法和策略是否有用,是否能解决实践中的问题,教师往往通过具体的教学实践来检验。这时的实践绝非是简单机械地做,而是教师在深思熟虑之后有意识地行动。因此他们便能够不断发现有效的策略和方法,校正已有的经验和做法,使自己最终总结和提炼出此类教学现象和问题顺利解决的实践智慧。

(三)教学研究是一种指向教师专业行动力的研究

教师教学研究的出发点和基本过程充分表明,教师的教学研究不同于学者进行的学术活动,学术活动往往致力于研究专门和系统的问题,关注学科知识分类与体系建构,关注方法与技术的变革和更新,关注概念术语的衍变、学科历史的梳理以及学术流派的形成。当然,它也不同于科学家的研究发现活动,研究发现的根本目的在于发现和探明事物的本质规律,而教师教学研究的直接目标则是为了改进教学实践,这种研究指向的是教学中的实际问题,其价值最终应当体现在教师教学能力的提升和学生学业水平的增长。通过研究过程中的发现、学习和思考,它带给教师的往往是清晰行为背后的理论,能让教师在思考中明白教学现象背后蕴含的问题,明晰这些问题产生的原因,通过实践探索不仅知道解决这些问题应该"怎样做",而且知道怎样做才是最好的,从而在以后的教学过程中卓有成效地解决这些问题。这一研究过程是教师将问题知识转化成方法策略的过程,当问题得以解决,其研究成果最终提高了自身的专业行动能力,这就达成了教师教学研究的最终目的。

二、教学研究的取向

教学活动是一种复杂的社会实践活动,是科学性与人文性相互融合的一种特殊的认识活动和发展活动。正因为如此,当代教师的教学研究一定要秉持这两种价值取向。

(一)教学研究的科学性取向

教学活动是一种客观存在,有其自身的逻辑和规律,有一定的客观依据和客观制约性,并且在教学活动的各种关系中存在必然联系,因而教学活动表现为一定的客观必然性。不仅如此,教学活动无论怎样千差万别,都会存在着诸多普遍性和共同性,表现为普遍性的特点。"正因为教学活动的客观性、必然性和普遍性,使得它表现出自身的特点、逻辑、规则和规律,它并不是杂乱无序、变化无常和无章可循的,这就使教学研究必然具有了科学性,必须依靠科学的方法论和技术手段"。由此可见,寻求教学研究的科学化,应当是教学研究的题中应有之义。当然,也应该认识到,对科学化的追求不应是对"科学主义"的过度迷恋,科学主义研究理念指导下的教学论研究,强调的往往只是人的理性的一面,隐含着对人的主动性、创造性和人的价值的贬损,忽视了对人的生命的尊重、价值的关怀和灵魂的关照,从而造成了人文精神的遮蔽和迷失,这将无助于教学研究深入和有效开展。

(二)教学研究的人文性取向

人的需要、动机、兴趣、爱好、能动性以及情绪情感、意志、性格等人格因素,一方面会强烈地制约和影响教学实践活动,另一方面其本身也正是教学实践活动的构成要素,教学活动也由此表现出较为突出的主观性。不仅如此,教学实践活动既包含着客观事实,也包含着客观事实的价值与意义。教学实践活动有着极为鲜明的价值倾向,参与教学实践活动的人是价值的承载体,他们交织在社会历史文化传统的价值体系之中,具有明显的历史性和社会性。由此可见,教学实践活动中的价值蕴涵是必然的,价值的涉入也就成为教师教学研究无法回避的。那种秉持"价值中立"的立场,放弃对价值的追问,杜绝价值涉入的实证主义研究方法,力图以教学现象与问题进行客观的、实证化的研究,往往很难真正从本质上认识和理解教学实践活动。正因为如此,从人文主义视角探讨教学实践活动的相关问题,逐渐成为当代教学研究的主流价值取向。对此,有学者指出:"在20世纪大多数时候被冷落的人文主义研究方法论,将在21世纪获得新的生命力。"

综上所述,教师的教学研究不仅具有较强的科学性,而且也表现出较强的人文性。因此,如何保持教学研究中科学性与人文性之间的必要张力,消除两者之间简单的"二元对立"而走向多元整合,这正是当今教学研究面临的一个重要问题。当代教师的教学研究方法必须放弃"科学主义"与"人文主义"的二元对立,在坚持科学主义研究取向的同时,适度加强人文精神研究取向,使科学人文主义成为教学研究的思想基础和行动支撑。

第五章 新时代高校教师反思性教学

第一节 反思性教学的内涵

一、反思性教学概述

提到反思性教学,不可能绕过美国著名教育家杜威,他是首先把教师看作反思性实践者,能在课程开发与教育改革中发挥积极作用的专业人员的教育理论家。在《我们怎样思维》一书中,杜威认为,反思源于实践中的困惑,是引发有目的的探究行为和解决情景问题的有效手段。反思行为是:"对于任何信念或假设性的知识,按照其所依据的基础和进一步导出的结论,去进行主动的、持续的和周密的思考。"而要完成这一过程,虚心、责任心与专心是关键。[①]

如果说杜威对于反思的论述给我们指出了正确的方向,那么思想家萧恩则能帮助我们明白反思是如何运用在日常教学工作中的,他认为反思分为两种类型:对行动的反思即"行动的反思"与在行动中的反思即"行动中的反思"。他认为,通过反思性教学,教师不仅累积了大量的行动中的知识,而且不断地创造了新的知识。

20世纪90年代以后,受外国反思性教学思潮的影响,伴随着我国教学改革实践的蓬勃发展,国内的一些教育理论和教育实践工作者也开始关注反思性教学。例如熊川武教授的《论反思性教学》就是第一部研究反思性教学的专著。他将反思性教学定义为:教学主体借助行动研究,不断探究与解决自身和教学目的以及教学工具等方面的问题。将"学会教学"与"学会学习"结合起来,努力提升教学实践合理性,使自己成为学习型教师的过程。这一定义在国内反思性教学研究中被普遍接受和广泛引用。

---

①王俊英,张志泉. 反思性教学的内涵及实施策略[J]. 教学与管理,2010(3):122-123.

二、反思性教学的特征

国外对于反思性教学的特征的研究一般是从传统教师专业发展模式与反思性实践专业发展模式比较中得来的,其中以奥斯特曼为代表,分别是从目的、假设、内容与过程四个维度进行比较,这里就不一一列举了。我国学者也对此进行了比较系统的阐述。熊川武教授认为反思性教学可以归纳为:第一,反思性教学具有较强的创新性,以解决实践问题为最终目的;第二,反思性教学的动力源于追求教学实践合理性;第三,反思性教学强调"学会教学"与"学会学习",是全面发展教师的过程;第四,反思性教学以增强教师的教学伦理为突破口。徐学福教授从人们容易误解的方面出发,认为反思教学具有:①以教学问题为基本点,问题激发反思,反思促使问题解决,反思教学过程围绕问题的提出和解决而展开;②与行动密不可分,反思的价值就在于教师对它的实际运用,而非是一个孤立的、无行动的内在认知活动;③倡导从经验中学习,它通过对教师实践经验的理性分析和直觉感悟,使问题及答案逐步明确、清晰;④使得教师自主意识被唤醒,从而自动地投入到对教学活动的思考与探究中,完成自己的专业成长之路,等等。

三、反思性教学的阶段划分

(一)教学前反思

教学前反思能使教学成为一种自觉的实践,并有效地提高教师的教学预测和分析能力,具有前瞻性。它主要针对课前拟订课程计划和预测课堂教学的情境。预测学生的学习情况,通过了解学生的知识背景和学习能力来确定教学的重难点,通过了解学生的思维能力、创造能力等个性特点及学生的兴趣、学习动机等非智力因素来预测教学过程中可能会出现的困难或问题,并拟定解决的策略;思考所使用教材的编写意图是什么,如何开发和利用课程资源进行教学,所用教材的特点是什么,学生对教材的理解度和接受度是多少;有教龄的教师通常还会思考:自己以前在教授相关内容时遇到过什么问题,解决策略及成效如何;采用何种教学策略能够与自己的教学风格相得益彰,同时也对学生适用等一系列问题。通过对这些问题的认真思考,教师在反思过去教学经验的基础上进行新的教学设计,形成系统的教学策略,从而为整个教学过程的顺利进行打下坚实的基础,而且还有助于培养教师的反思习惯与反思能力,使教学成为一种自觉的实践过程。

(二)教学中反思

教学中的反思直击课堂,是教师在教学过程中及时对突发状况进行处理,批判地考察自己的教学行为,并给予及时的纠正、调整,从而确保教学活动顺利有效地进行。这一过程具有极大的自主性,即教师是自主地发现问题、分析问题、解决问题,教师可以将已有的教学理论知识与实践结合起来进行及时的反思、检验,用自己的体验使理论变得生动,并形成自己更深层次的见解。

(三)教学后反思

教学后的反思主要是教师在课后回顾、思考整个课堂教学行动,对自己和学生的教学经历做出更加理性的剖析,对教学效果进行客观的价值判断,探寻存在的问题和困难,力求觅得解决方案。通过这样对教学情境的回忆,更能够对一些不易察觉或者琐碎的事情引起注意和重视,从中获得经验。反思型教师在课后通常会思考以下诸多问题:我的教学引起学生的注意和兴趣了吗,他们的表现与反应如何;我是如何调控课堂氛围的;整个教学过程是否按照预先设计的那样进行,哪些环节与预设出现背离;是否发生了意外状况,我是怎么应对的,效果如何,有没有更好的办法;我的教学观念、方法、行为符合了哪些教学规律和理论;在下一个班级教授相同内容时我应该做哪些调整,注意哪些问题。通过对这一系列问题的反思,教师一方面会因为看到自己在教学上的进步而欣喜,更重要的还意识到自己之前教学表现的不足与缺陷,从而找到自己继续进步的空间,进而一步步向专业化教师靠近。

四、反思性教学与教师的专业成长

国外很多研究者研究发现:教学反思是新教师成长、成熟并最终成为专家型教师的一座重要的桥梁。有个很著名的教师成长公式:经验+反思=成长。正如它的提出者波斯纳认为,没有反思的经验是狭隘的经验,至多只能成为肤浅的知识。波兰尼曾说过:"我所知道的远远多于我们所能明确告知的……所有知识要么是缄默的,要么根植于缄默认识之中。"这里所说的缄默知识我们可以理解为实践性知识,而反思教学恰恰可以帮助我们认识和发现到这些实践性知识的珍贵价值；它为教师的成长提供了一个总结与研究的平台，通过对教师角色的反思、教师文化的反思以及师生关系的反思可以使教师的教学经验逐渐丰富，教学越来越得心应手，教学质量逐步提高。可以为以后的教学提供方法指导，它能帮助教师及时捕捉、分析和思考各种教学现象的得失，并且提出更加贴切合理的教学方案，加深教师对教学的认识，从而全面提高教师的素养与能力，促进教师的专业成长。

五、反思性教学的实施策略

（一）教师叙事研究

教师叙事实质上是一种基于回忆水平的反思。它是教师将所经历的教育事件与相关感受通过内隐或外显的方式呈现出来，即通过讲故事让别人理解自己和自己理解自己。通过教师叙事能更多地关注到教师个人实践知识的丰富与增长，同时也可以使教师从对自身的关注中意识到自身对学生关注的重要性，而且能够使自身在教学中更好地移情。教师叙事可大体分为想象叙事、口头叙事和书面叙事。

（二）教师行动研究

教师行动研究是教师对自身当下思维与行为的监控与调节，主要着眼于当下的教学实践而非教育理论，是一个比较复杂的概念。行动研究虽然可以由个人完成，但实践表明行动者与他人合作进行的行动研究是最具理性的力量。正如约翰·艾里奥特所说的，"行动研究是教师通过合作来评价他们的教学实践、提高他们对自己的个人理论的意识程度、清晰地呈现他们的价值观念、尝试新的策略来实现他们在实践中一贯认同的教育价值，以一种切实可行与易为其他教师理解的形式来记录他们的工作，这样他们就可以通过实践研究来发展他们共同分享的教学理论"。

（三）教师探询研究

在反思性教学研究的基础上，西方学者提出了教师探询研究，它将着眼点更多地投放在将来：呼吁教师本着对自身教学实践负责的态度，并且以一个研究者的思维与高度多角度地去探寻教学中存在的问题，多个角度思考这些问题，并竭力谋求解决之道。它具体包括多重视角探询、公共道德探询、协商性探询、判断性探询、自传性探询等五个方面。

第二节 反思性教学的实施方法与形式

当前,中小学正处在深化基础教育课程改革、全面实施素质教育的关键阶段,提高课堂教学的实效性,探究课程实施的有效策略和方法,成为当前普遍关注的焦点话题。作为提高课堂教学的实效性、促进教师可持续发展的重要渠道和有效手段,教学反思倍受重视。然而,如何开展教学反思?特别是如何结合中小学课程,进行切实可行、富有实效的教学反思,成为当前中小学教育教学研究亟待解决的问题。[①]

一、课前教学反思:进一步明确教学目标,确定教学起点,检验预设方案

作为备课(教学设计)后期工作的一个环节,课前教学反思的重要性不言而喻。

首先,反思教案的编写与学生实际水平的吻合程度,是课前教学反思的首要内容。其目的是,一方面在于进一步明确教学目标,对自己的教案进行查漏补缺、吸收、内化,重新审视教案的利弊得失;另一方面则在于关注学生的需求,准确把握学生的最近发展情况,使教案更加符合学生的实际。

其次,课前教学反思的重要性还在于检验预设方案的可行性,有意识地增添必要的备用方案。

最后,课前教学反思还可以促进同伴互助的开展,这就需要教师主动与同行沟通,在课前利用教研活动时间,围绕自己备课中的某一问题,进行聚焦式研讨,取长补短。

无论是反思预设方案与学生实际、教学实际的吻合程度,还是有针对性地开展反思性的专题研究,其核心都在于检验预设方案,进一步明确教学目标,确定教学的起点。

不同的教学观必然造就不同的预设教案,教案能比较鲜明地体现教学设计者的教学理念。

[①] 吴萌,张琳静,肖聪阁. 高校教师反思性教学的创新模式[J]. 教育现代化,2019(43):41-42,47.

在实际教学中，为了有效避免上述问题的发生，一方面，需要切实提高教师的能力和水平，尤其是解读课堂教学素材的实际能力、教科书的使用水平等；另一方面，需要给教师提供同伴互助、专业引领的时间和空间，通过开诚布公、推心置腹的交流，解决观念理解、实践操作等方面的偏差。实践表明，课前教学反思并不是一个人的单独活动，集体的反思性活动是必不可少的，这是当前开展课前教学反思尤其值得注意的一个策略。

二、课中的教学反思：调控课堂进程，处理好预设与生成

课堂教学是一个复杂的动态系统，教学过程中常会出现新情况、新问题。课堂中的教学反思可以及时调整课堂教学进程，确保预期教学目标和理想教学效果的实现。

课堂教学是一种有目的、有意识的教育活动，但不是单纯的"预设"操作——原有教案的展开过程，而是课程创生与开发的过程。没有预设的课堂是不负责任的课堂，而没有生成的课堂是不精彩的课堂，预设与生成是互补关系。课堂中的教学反思，集中解决两个问题至关重要。一是哪些内容需要预设、哪些内容需要生成。无论课堂教学的生成成分多么大，课堂教学目标、基本的课堂教学结构等相当分量的内容需要精心预设，而体验性的过程、探究发现的过程、偶发性的过程等内容，往往需要随机生成。二是从课堂随机生成的实际效果，反思教案预设的效果。要着重围绕预设的充分性、机遇把握的贴切性、生成的实效性等几个方面展开。

当前，开展课堂教学中的教学反思，其基本策略应围绕课堂教学的实效性、有效性展开，基本渠道主要有：围绕提问的有效性的反思、围绕有效活动时间的反思、围绕有效课堂参与的反思、围绕课堂教学结构的反思、围绕生成性资源有效利用的反思等。

其中，有效的提问是教师引领学生发现新问题、分析解决新问题，实现学生自我建构必不可少的重要环节，这种辅助作用紧紧围绕促进学生自主建构而展开。有效的提问要符合学生的经验水平、认知特点以及教学内容的具体特点。改善课堂提问方式，提高教学效率，促进师生的交流和互动，诱发学生课堂学习的原动力，是改善课堂提问有效性的基本策略。

反思提问的有效性，可以从反思教师对问题情境的创设和对学情把握的准确程度来开展。

围绕教学环节的反思,既需要反思教学设计的成功之处,也需要反思不成功的教学案例(甚至是片段),寻找教学设计与学生实际的差距,促使新课程理念向教学行为方式转变。而针对教学细节的反思,集中围绕这样的问题常常是有效的:这节课的教学步骤如何规划,这节课怎样起始、怎样结束,教学之中如何过渡,提问设计如何做到既有铺垫又突出主要内容,多媒体手段如何有效有序地发挥其辅助功能,在某个教学片段中运用什么样的手段与策略,等等。细节决定成败。在教学过程中,如果能及时敏锐地发现这些细节,使其成为教学中巧妙的切入点,就可以通过对这些细节的准确把握,使其成为教学中的生成性资源,进而成为教学活动的亮点。

这需要教师认真备课,多积累有关教学细节把握的一些案例,在感悟中提高自己的文化底蕴和教学技能。

三、课后反思:聚焦教学得失,激发教学智慧

教师的专业自信和自我认同,是促进教师可持续发展的动力。因而,在课后反思中,学校组织者和专业引领者要帮助教师在进步中获得专业自信和自我认同,鼓励教师在看到自己进步的同时,收集成功案例和反例,并进行提炼和升华,同时对教学中的热点问题进行再思考,诸如如何改变教师角色、教学方式的新变化、课程资源的发掘和有效利用以及引导和促进学生自主、合作、探究地学习等。教师通过分析和评价自己的授课过程,在反思中发现自己内隐的教育观念,更能清楚地看到自我成长的轨迹和内在专业结构的发展过程,进而为专业发展奠定坚实的基础。正是通过课后反思,教师才能在已有的案例知识中提炼教学智慧,不断提升教学能力,实现课堂教学的高质量和教师个体的不断发展。

第三节 反思性教学的有效策略

一、减轻教师不必要的负担,营造有利于反思的氛围和环境

反思的过程是发生在一个学习群体之内的社会活动过程。它的实施

离不开教师所处的社会和学校的大环境,即教师发展所依托的制度环境、人际环境和文化环境,因此社会和学校应给教师创造一种和谐、团结上进的文化氛围和工作环境。学校的教学管理应为教师反思创设有利的环境。应切实减轻教师的工作强度和负担,切实给教师提供、创设自我分析、自我反思的时间和机会,只有这样才能真正有助于促进教师进行教学反思,获得自身专业的发展。对教学反思的管理应该"人本化"。一定要结合学校和教师的实际情况,应该以不让教师做无用功为原则,以充分调动教师的积极性、主动性、创造性为最终指向。可以尝试使用校园网、教研组等方式,将教师的教学反思内容在网上公布,或在教研组内讨论传阅,使教学反思"公开化"。这样一方面对每个教师是一个督促,无形中也是一种压力,可促使教师努力将教学反思写得更好;另一方面,对教师也是一件省时高效的事情,每个教师都能学习、借鉴和应用同行的心得体会。[①]

二、提升教师的教育理论修养,打破思维定式

教学理论素养是构成教师素质的核心内容。在具体的教学实践活动中,每个教师都会形成一些对教学问题的理解和认识。这种理解和认识的背后必然有某种教学理论的支撑。实际上教师对某种教学理论的理解和认识不能自动对教学行为产生直接的影响。实际的情况是教师在具体的教学实践中将受到两类教学理论的影响。一类是外显的"倡导理论",另一类是内隐的"应用理论"。实践证明:教师所学的倡导理论,不一定会成为教师改善教学行为的自觉行动。那种希望通过搞几次教学理论培训来促使教师行为得到立竿见影的改变的做法显然是违背教师教育的规律的。但是,我们应该清楚地认识到内隐的应用理论却随时地以无意识的方式影响着教师的教学行为。如果教师内隐的应用理论是先进的,这有助于促进学生素质的发展,反之将会阻碍学生素质的发展。然而我们必须明确内隐的应用理论属于教师个人化的理论,是教师个人在教学实践情景中形成的某种教学观念假设,带有鲜明的情景色彩,因而往往不具备普遍的指导意义。而外显的倡导理论属于群众所追求的理论,而且具有普遍的指导意义。因此,即使内隐的应用理论是进步的,也需要借助外显的倡导理论来发现它,使它不断得到科学的调整和应用。其实,外显的倡导理论完全可

---

① 陈小荣. 提高数学课堂教学反思有效性的策略[J]. 启迪(教育教学版),2017(1):47-48.

以借助反思性教学实践转化为内隐的应用理论,从而对教学实践产生积极的影响。两类教学理论转化的过程正是教师理论素养提高的过程。反思性教学实践既是沟通教师"外显的倡导理论"与"内隐的应用理论"的桥梁,也是提高教师教学理论素质的有效途径。

三、完善教师的情感人格素质,促进教师积极反思

反思型教师对自身的情感人格素质有很大的依赖性,主要体现在以下几个方面。

(一)情感的开放性

反思的基础是自我认知。人的自我评价必然带有情感色彩。因此反思型教师要自我开放、谦恭,能接纳不同意见,同时又能悦纳自己。

(二)情感的敏锐性

反思教育教学工作的前提是对工作状态的敏感。工作状态反映在教育教学过程中、在师生关系的交往中、在学生的情感状态之中,反思型教师需要正确、全面地体察学生、体察自己的情绪,并加以适当调整。

(三)情感的驱动性

对经验的反思具有明显的个人特性,主要体现在教师的责任心和敬业精神上。一般说来,缺乏责任心和敬业精神的教师,除非因教学上的失误或迫于外界压力,否则不会自觉反思自己的教学行为。反思的结果是对自己教育教学工作的改进。这需要教师在情感上的自愿、意向上的求同。这些情感素质的提高,依赖于教师本人的社会性需要的积极发展、认知的深化和在教学中情绪性体验的不断积累。

(四)提高教师培训的实效性,使教师学会反思

教师培训的核心在于提高教师的反思水平,着眼点在于教师行为的改进。教师培训的重要形式之一就是专题讲座,由于实践性知识拥有个体性和不可言传的特点,所以作为培训者在制定计划、确定专题的时候,就应该清楚学员需要了解和掌握哪些知识并对其有所选择,这种选择一方面要考虑讲座内容的实践性要求;另一方面要考虑社会性的要求,也就是作为一个合格的教师应该具备的基本知识技能、教育理论、教育教学能力以及新课程改革方面的要求。只有所学的知识被接受了、理解了,才能转变成

实践性知识;只有所学的知识符合教师的实际需要才有现实意义。因此,专题讲座所选择的知识应符合参训教师的教学实际和学科特点也就是操作性要强;还要能广泛地被教师在教学中所利用并与新的课程改革相一致。只有学员在完成这些专题培训后,认为能把培训所得运用于自己的教学实际,并改善了自己的教学效果,这才证明培训的目标已经达成。这种接近教学实际的教师培训既可增强学员参加培训的积极性,又可提高培训的实效性,它反映了社会性的要求和教师学习实际的对接。

第六章 新时代高校教师自主发展

第一节 高校教师自主发展的本质

20世纪80年代美国教师专业化运动的兴起,开创了世界性的教师专业化运动。随着教师专业化运动的发展,教师专业自主问题日渐凸显。专业自主是提升某一专业地位的关键,专业人员能否独立地做出专业判断,自主地采取有效的策略性行为,是判断某一专业发展状况的核心要素。然而由于各种内外因素的限制,不少教师并没有能够通过专业化获得预期的专业自主意识和能力。研究表明,美国40%多的教师对自己的工作有失控的感觉;30%多的教师愿意让事情保持原样,并且对他们是否能驾驭自己的工作表示担忧;20%的教师甚至开始怀疑他们作为教师的能力。如何提升教师的专业自主已成为当前各国教师专业化发展需要面对的议题。[①]

一、教师专业自主发展的内涵

(一)教师专业自主的含义

在我国汉语的习惯用法中,"自主"与"自律"的内涵存在一定的差异。"自主"主要是指"独立""自由"以及"自我导向";而"自律"则多与"他律"相对应,主要是指"自我约束"或"为自己定规矩"。今天学术界更倾向于认为,"自主"包含"自由"与"自律"的双层内涵;"自律"能使"自我"不至于因"自由"的泛滥而忘却反省,从而演变为"随心所欲"和"为所欲为";而"自由"则确保了"自我"的主体性,因而它是建立"自律"的内发性动力之源。由此可见,"自主"不仅是指个体主体性的弘扬,而且也是指个体在普遍规范之下的自我约束和自我反省,将"自主"与"教师专业"联系起来,即为教师专业自主。所谓教师专业自主,是指教师依靠专业智能,遵循专业

[①] 窦坤,桑元峰. 教师个体教学哲学的建构:高校教师自主发展的哲学解读[J]. 法学教育研究,2019,27(4):279-292.

法规和专业伦理,在教育教学实践及其专业发展等方面,不受他人干涉,享有决策与行动的自由与自在。教师专业自主不仅包括个人专业自主,而且也包括群体专业自主,是这两个方面的辩证统一。但无论是教师个人的专业自主,还是教师群体的专业自主,都不是无条件的绝对的自主,而应受社会基本规范和教师专业伦理的约束。

教师专业自主是提高教师专业地位的关键之所在。专业人员独立地根据专业判断,自主确定行为的范式和策略,是判断专业标准的核心要素。当前社会发展对教师工作非常重视,但对教师专业自主的认同感却并不高,因为教师是在统一大纲、统一教材以及统一考试和评价标准之下从事教育教学工作的。随着教师专业化进程的不断发展,人们已经日益认识到教师是一个专业要求很高的职业,教育教学的内容、情境、模式和方法是千变万化、日日常新的,因而应赋予教师更多的专业自主。但是,从教师专业生活的实际情境来看,教师专业自主的权利与空间仍然是相当有限的。因此,我们有必要重新审视这一困境背后所隐藏的内在影响机制,深刻揭示社会背景、高校制度文化、教育组织逻辑、教师工作特性,教师自身与其专业自主之间必然的逻辑联系,从而能为教师专业自主提供卓有成效的变革之路。

(二)教师专业自主发展的含义

关于教师专业自主发展的内涵,存在着不同的认识和理解。在国外,格拉特霍恩认为,教师专业自主发展是教师随着经验的增加以及对教学系统的审视而获得的专业成长。

在我国,钟启泉认为,教师专业自主发展是指在自己的专业领域,教师运用其教育智慧维持其专业品质免受外界干涉的状态。代慧玲认为,教师专业自主发展是"教师所具有的自我发展的意识和能力以及对于教师专业发展的自觉担当;教师专业自主发展是教师通过不断的学习、实践、反思、探索,使自己的教育教学能力不断提高、不断向更高层次发展的过程"。张典兵认为,教师专业自主发展是指"教师由于教育教学的需要或是为了追求自身价值,主动、自觉地设定专业发展目标,制定自身专业发展计划,拟定专业发展进程,不断提升自身专业素养的创造性实践活动"。廖肇银等认为,教师专业自主发展是"教师在自我专业发展意识和动力支配下,自觉承担专业发展责任,通过自主反思、自主专业结构剖析、自主专业发展设计和自主专业发展方向调控等实现专业发展的过程"。

中外研究者关于教师专业自主发展的定义在表达方式上有些差异,但其内涵是基本一致的。所谓教师专业自主发展,就是教师根据自己的专业要求,通过有计划地自主学习与教育教学实践,使自身的专业能力不断得到提升的过程。它表现为如下几方面的特征。

第一,教师专业自主发展是一个有意识的过程。教师在自身的专业发展过程中,是对专业自我、专业角色,对学校、教育、学生的理解不断加深的过程。

第二、教师专业自主发展是一个需要教师不断学习才得以完成的过程。教育是一个动态的领域,教师专业自主发展也是一个动态的生成过程,这就需要教师制定计划,不断地学习。

第三,教师专业自主发展只能通过教师的教育教学实践才能实现。教育是一种实践,教育过程始终充满着可变性与复杂性,教师要在教育教学实践中不断反思,才能实现其专业自主发展。

二、教师专业自主发展的特征

(一)自由性

所谓自由,是指个体在认识活动和实践活动中能独立自主地发现问题和解决问题,它是人的主体性的核心,是人的内在本质特性之一。人类认识世界和改造世界的最终目标就是为了增强人的自由,而不是相反。主体之所以能够发挥其能动性和创造性,就在于它拥有着自由。主体只有在能够支配自己的时候,才能够支配其他事物。不论任何主体,只有切实地感受到自己是活动的主人,感受到自己是一个自由的人,他才能产生活动的热情和能量,才能全身心地投入活动之中并关心活动的结果,也才能迸发出丰富的想象力、顽强的意志力和巨大的创造力。如果主体缺乏自由,不能自主,那么他只能是一个循规蹈矩的人,在创新的天地里必将缩手缩脚,最终也将一事无成。作为一定社会中的个体,其最主要的生存领域是职业活动,因而人的自由最主要也是最突出的表现就是职业自由。高校教育教学工作是一项创造性极强的活动,要使教师的主体性在这项高创造性活动中得到充分发挥,并取得预期的创造性结果,教师就必须拥有高度的专业自由。教师的专业自由意味着,教师在教育教学实践过程中能独立思考,能做出自己的专业判断,不受非专业人员、教育行政管理人员乃至远离自己专业实践的同行的干扰和控制。教师的专业自由还意味着相对于其他职业者来说,教师对自己的教育教学情境最为熟悉和了解,因而在自己的教育教学实践中也最有发言权。

(二)自律性

人不仅是一种情感的动物,而且更是一种理性的动物,是理性和非理性兼有的存在物。理性是人冷静、理智地认识和实践的行为方式;非理性则是指人的感性认识及非逻辑的认识形式,它不仅包括直觉、灵感、顿悟和潜意识,而且也包括人的生命欲望、情感和意志。非理性源于人的生命的本能欲望和冲动,它不仅存在积极的一面,而且也存在一定的盲目性和冲动性。理性的人必然是自律的个体,它意味着人对客观存在及其本质规律的认识、尊重和遵循,意味着人能够用理性统领非理性。所谓自律,就是人能够用理性引导、说服和控制自己非理性中的消极成分。如果人不能用理性对非理性进行引导、说服、规范和控制,非理性就可能会支配人的行动并可能造成不良的行为后果。教师的教育教学从本质上而言,是一种培养人的社会实践活动,其行动过程必须符合社会发展的要求,必须尊重学生身心发展的特点规律,必须遵循高校教育教学工作的客观规律。由此可见,教师的专业自主一定不能离开教师的自律,它要求教师要时刻注意对自己消极的非理性行为进行有效的调控,始终让自己在理性的指导和支配下进行自由的教育教学实践活动。

(三)伦理性

教师的教育教学实践活动以培养人为最终宗旨,教师根据社会和时代发展的需要通过自己力所能及的专业劳动,把正在成长中的青少年培养成为德、智、体、美、劳全面发展的有理想、有道德、有文化、有纪律的社会主义事业的建设者和接班人,使他们都能够成为社会主义事业的有用之才。教师专业与其他专业的最大不同就在于其工作对象是人,是活生生的、有思想、有情感和主观能动性的个体,是正在迅速成长中的未成年人。他们思想单纯、心灵稚嫩,他们渴望知识的获得,需要思想的启迪。正是基于这样的认识,教师的专业自主与其他职业相比更具有无与伦比的伦理价值和道德意义。教师在自己专业实践过程中,必须充分考虑自身专业对象的特殊性，考虑自身专业对象的"人"性，考虑到教育对象的可塑性和可教性，不能因为强调自己的专业自主，就压抑了学生的主体性和创造性，从而损害学生的人格尊严，危及学生自由自主的健康成长。

（四）合法性

随着社会和教育事业的不断发展，教师专业自主在许多国家都形成了法律制度。我国1994年颁布实施的《中华人民共和国教师法》也具体规定了教师享有的六项基本权利，其中的五项都直接与教师的专业自主有关。具体表现在：其一，进行教育教学活动，开展教育教学改革和实验；其二，从事科学研究、学术交流，参加专业的学术团体，在学术活动中充分发表意见；其三，指导学生的学习和发展，评定学生的品行和学业成绩；其四，对学校教育教学、管理工作和教育行政部门的工作提出意见和建议，通过教职工大会或者其他形式，参与学校的民主管理；其五，参加进修或者其他方式的培训。不仅如此，《中华人民共和国教师法》所规定的教师具有的六项义务，其中四项也对教师的专业自主做出了一定的限制。具体表现在：其一，遵守宪法、法律和职业道德，为人师表；其二，贯彻国家的教育方针，遵守规章制度，执行学校的教学计划，履行教师聘约，完成教育教学工作任务；其三，对学生进行宪法所确定的基本原则的教育和爱国主义、民族团结的教育，法制教育以及思想品德、文化、科学技术教育，组织带领学生开展有益的社会活动；其四，关心、爱护全体学生，尊重学生人格，促进学生在品德、智力、体质等方面全面发展。由此可见，教师的专业自主已经成为教师应该享有的基本法律权利和应该承担的基本法律义务。

（五）创造性

教师的专业实践充满着极大的不确定性和情境性，它需要教师依靠自己的专业技能进行发现、研究和创造，并做出准确、精细和及时的专业判断。教师专业自主的创造性特征，主要表现在教师并不按部就班地执行既定的操作程序，无论这种程序是来自自己的传统习惯，还是来自外在的事无巨细的规定。当然，任何一种专业都有其独特的本质及规律，都有着深厚的科学理论基础，都需要特殊的技能和能力支撑。因此，教师在专业自主中表现出来的创造性，必须建立在其渊博的专业知识和高超的专业能力的基础之上，建立在教师对自己的课堂教学、学科课程和教育对象的深入了解的基础之上。

三、教师专业自主发展的意义

(一)促进学生自主学习和成长

当代教育改革的最突出特征,就是要使学生由被动地接受学习转变为主动地自主学习和探究学习。学生学习方式的转变必然要求教师做出相应的改变,教师要成为学生自主学习的引导者和促进者。自主学习中的学生离不开教师的积极参与,教师只有亲历过自主学习,才能在课程教学中真正实现学生的自主学习。教师对学生自主学习的引导和促进作用主要表现在:一是引起学生注意和唤起学生的学习需要;二是激活学生学习所必需的先前经验;三是帮助学生确立能够达成的学习目标;四是引导学生创设和谐的学习氛围;五是密切联系学生的生活世界;六是激励学生完成富有挑战性的学习任务;七是帮助学生发现知识的个人价值和意义;八是及时进行反馈和塑造沟通的桥梁;九是教师的教学方式要服务于学生的学习方式。而上述这些引导和促进作用的达成和实现,从根本上要依赖于教师的专业自主。正如有学者指出的那样:"为了培养学生的自主学习能力,教师在教育教学实践中必须自主地和有能力行使自己的自主权;同时教师在培养学生自主学习的过程中不仅改变了教学方法,也改变了教师的个性。"

(二)促进教师的主动性和创造性

在教师的生活世界中,最具特性和价值的就是其专业自主发展。教师的专业自主发展能有效地促进教师的主动性和创造性,提升教师的教育智慧和生存状态。当然,这一能够实现的前提条件是让教师的职业真正融入其生活之中,使教师的专业自主发展和自己的生活世界融为一体。为此,首先要注意把课堂教学作为自己职业生活的一个部分。课堂教学是教师和学生共有的人生中最重要的生命经历,是他们个体生命意义的构成部分。正如有学者所认为的:"对于教师而言,课堂教学是其职业生活最基本的构成,它的质量直接影响教师对职业的感受与态度、专业水平的发展和生命价值的体现。"课堂教学的创造性,直接影响到教师对生活的创造性。教师可以从作为生活一部分的课堂教学的创造中,获得生活的乐趣。其次教师作为自身专业发展的主人,还要把专业发展融入日常生活之中,在日常的专业生活中实行自我学习、自我教育和自我创造,从而不断促进自身的专业发展。其实,若从本质上来看,教师的教育与生活就是紧密融为一体的,"教育即生活""生活即教育"。"由于教育与人的生活世界重合,由教育者、受教育者和教育影响所构成的环路不再是一个封闭的结构,而是时刻保持对生活世界的开放性,一方面不断接受生活世界对教育可能发生的影响和对教育的需求;另一方面又不断丰富生活世界的内涵,把人引向世界的交流,拓展人的生活世界的空间,引导人积极理解人与世界的关系,在此关系的敞开中敞亮生活的真理,获得生活的智慧"。由此可见,教师专业自主发展关涉到教师的生活智慧和生命质量的提升。

(三)提升教师的幸福感,感受教育的快乐

教师的幸福是教育的本真追求。教育活动不仅需要教师认知因素的投入,更需要教师的情感、意志等非理性因素的参与,是充满激情和热爱的活动,是彰显生命价值的活动。正如有学者指出的那样:"没有教师发自内心的热爱,就不会有真正的教育;没有教师在职业生涯中自我实现的成就感、满足感和幸福感,也不会有真正的教育。教育要给人以幸福,成为幸福的教育,就必须有教师的幸福。教育是师生共同创造教育幸福的活动。"幸福不仅是教师的一种教育体验,而且更是教师专业发展的根本动力。如果教师在教育教学活动中体验不到快乐和幸福,也就不会有从事教育教学活动的内在动力。只有当教师真正地体验到教育的幸福,他才会对教育事业产生强烈的责任心、不懈的追求和发展的愿望。而教师的幸福感来源于教师的积极探索和主动创造,表现为有强烈的求知欲望和探究精神,对新事物与新思路有究根问底的热情,能够独立思考、批判质疑和勇于探索,提出新思想新见解的精神。正是基于这样的认识,有学者就指出:"专业化的教学活动是一种富有挑战的创造性活动,而不是一种按照既定程序模式的机械操作。正是这些创造活动,使教师工作充满幸福,这种幸福来自工作的挑战,也来自对自己创造性成果的欣赏。"也正是因为这些创造性的活动,教师也就找到了职业外在的社会价值与内在的生命价值相统一的尊严、快乐与幸福。

第二节 高校教师自主发展的结构与基础

教师专业自主发展的结构主要包括专业自主发展意识、专业自主发展规划、专业自主发展能力、专业自主发展管理和专业自主发展更新等维度。教师专业自主发展的基础主要体现在知识基础、伦理基础、权力基础和环境基础等几个方面。

一、教师专业自主发展的结构

(一)教师专业自主发展意识

从事任何一种职业,要想取得成功,首先必须有明确的职业发展目标和价值追求,有对自己专业发展的强烈愿望。美国教育家詹姆斯认为,教师专业发展的可能性就在于教师本身对自我发展的承诺。这表明专业发展的动力之源来自教师内在的主动意愿,即专业自主发展意识。所谓专业自主发展意识,就是教师能在日常的教育情境中觉察到真实的问题,认识到问题背后蕴藏的教育契机和资源,意识自己所担负的职责,具有主动改善教育实践的意愿和能力。教师专业自主发展意识若按时间维度来划分,主要包括对过去专业自主发展历程的意识,对现在专业自主发展状态和水平的意识以及对未来专业自主发展规划的意识;若按内容维度来划分,则主要包括在专业精神、专业理念、专业知识和专业能力等方面的意识。专业自主发展意识是教师顺利实现专业自主发展的前提和基础。专业自主发展意识强的教师,对自己的专业发展能始终保持一种自觉积极的状态,能增强专业发展的使命感和责任感,主动寻找一切可能的学习机会,及时评价和调整自己的专业发展行为方式,从而使自己的专业发展达到较为理想的境界。[1]

(二)教师专业自主发展规划

教师的专业自主发展不是一种结果,而是一个不断由量变到质变、不断累积提升的过程,表现出明显的发展阶段性。专业自主发展规划就是教师对自己专业发展的各个阶段和各个方面进行长远总体的规划,它具体包

---
[1]张典兵.高校教师专业自主发展:结构与路径[J].现代教育科学,2012(7):62-64.

括教师对专业目标和预期成就的设想、对未来学校与教师岗位的选择、对专业素养内容与目标的设计、对专业发展阶段的规划和拟采取的措施等。专业自主发展规划就像教师为自己的专业发展设计了一个宏伟"蓝图",为教师引领、反思和监控自身专业发展提供了一个重要参照框架。教师在制订专业自主发展规划时,应注意考虑以下一些因素:

第一,要正确认识自我,全面进行自我剖析,清楚知晓自己的知识与能力、兴趣与特长、思想与人格、优势与劣势。

第二,重视环境分析,不仅要分析学校发展的小环境,而且要分析时代和社会发展的大环境,以把握专业自主发展的大方向,使自己的专业发展与学校、社会的实际和学生的需求结合起来。

第三,确立目标并进行目标分析,要形成专业自主发展的愿景,清楚哪些是短期目标,哪些是长远规划,哪些是优先发展领域等。

第四,科学拟定专业自主发展的路径与策略,精心设计行动方案。

(三)教师专业自主发展能力

教师专业自主发展能力包括一般能力和特殊能力两个方面:一般能力也就是我们常说的智力,如观察力、注意力、记忆力、思维能力和想象力等;特殊能力则是与教师教育教学实践联系密切的、特殊领域的能力,如语言表达能力、组织管理能力、课程开发能力、教育研究能力和学科教学能力等。教师专业发展自主能力是在教师专业活动中逐渐形成并得以发展的,它需要教师专业生活的长期累积,也是教师实现更高程度专业发展的基础。英国课程与教学论专家斯腾豪斯曾指出:教师是教室的负责人,而教室正好是检验教育理论的理想实验室。不论从哪一种视角来理解教育,都必须承认教室充满了丰富的教育教学研究的机会。教师的专业自主发展能力正是在这种特定的学校组织文化背景和课堂教学专业活动中形成的。可见,教师专业活动既是教师专业自主发展能力形成的现实土壤,而它一旦形成又反过来成为教师从事专业活动的重要支撑。

(四)教师专业自主发展管理

教师专业自主发展既然是一个复杂长期的过程,为了使它能朝着预定的美好方向顺利运行,就必须进行科学有效的管理。这种管理既有来自学校管理者和其他老师的外在管理,也有来自教师本人专业发展的自我管理。教师专业自主发展需要外在的管理,但自我管理却具有更大的价值。所谓自我管理,是指教师在自主规划基础上采取的自我保障措施,也就是为实现专业发展目标所进行的自我监督、自我评价和自我调控。自我监督能使教师的专业自主发展始终保持积极主动的状态;自我评价能使教师清楚自己专业自主发展过程中的经验与教训、优势与不足;自我调控能使教师的专业自主发展始终朝向正确的目标和理想的方向。总之,自我管理能让教师认清自己面临的职业形势,意识到相应的职业危机,有助于提高教师的专业敏感性,增强专业发展的紧迫感和主动性,从而使教师不断挑战自我,并实现自我超越。

(五)教师专业自主发展更新

专业自主发展是教师在其专业领域内不断提升与完善教育观念和教育行为、不断走向专业化的过程。这个过程一刻也离不开教师的专业自主发展更新。华东师范大学的叶澜教授就十分强调"自我更新"取向的教师专业发展,并把它看成教师专业发展的关键。专业自主发展更新是指教师专业发展动力不再受外部评价或职位升迁的牵制,而直接以专业发展为指向。教师完全能够自觉地依照其专业发展的基本路线和自己当前的发展状况,有意识地进行自我谋划,寻求最大限度的自主发展。这种自主发展已经形成教师日常专业生活不可分割的一部分,成为教师的专业生活方式和生存方式,并能经常保持专业发展的"自我更新"取向。这时,教师的专业自主发展不再单纯指向专业结构的改善和提升,而变成一种自觉的意识,自信与从容已成为教师的突出特征。专业自主发展更新使教师不再把教学看成是传授学生知识的过程,而是帮助学生去理解和建构"意义"的过程,是在师生的对话和互动中体悟生存价值和生命意义的过程。

二、教师专业自主发展的基础

(一)知识基础

在长期的教育教学实践中,我们特别强调知识的客观性、普遍性和绝对性,正是由于这些特征的存在,往往使得教师仅仅成为公共知识的传输者,其自身的专业自主也因此被削弱、被掩盖和被抑制。教师的专业知识结构主要包括本体性知识、条件性知识和实践性知识。但有关"教什么"的本体性知识和有关"怎么教"的条件性知识,并不一定能保证教育教学实践活动的有效展开。因为教师面对的是充满不确定性的教育情境,这种变动的情境要求教师不断地做出专业自主判断和自主选择,而专业自主判断和自主选择正是基于教师个人实践性知识的"实际运用的理论"所做出来的。由此可以看出,教师个人实践性知识的存在和其蕴含的巨大价值,成为教师专业自主的基本诉求。

(二)伦理基础

教师的伦理德性是教师担当教育教学角色所应有的重要品质,也是在履行教育教学责任和义务的过程中所体现出来的核心道德力量。教师伦理德性的主要构成包括教师的善、教师的公正和教师的责任感等三个方面。教师的专业性首先是以专业伦理道德要求为基础的,一个有德性的教师也意味着他具有了教学自由和专业自主。教师专业自主并不是教师的主观放纵和任意行为,而是对教学的自主判断和自主选择,是基于既定的责任和自身义务的专业自主行为。而这种基于责任的教师专业自主行为,更需要得到教师伦理德性的根本保证。

(三)权力基础

自1966年联合国教科文组织在《关于教师地位的建议》报告中明确提出"教育工作应被看作专门职业"的思想以来,教师职业专业化的理念已经广为接受。其中,教师是否能够拥有专业自主权,以及其所拥有专业自主权的程度,是认定教师职业是否达到完全专业地位的关键指标之一。我国1994年颁布的《中华人民共和国教师法》第一次以法律的形式明确规定教师是"专门人员",并指出教师的权利主要包括教育教学权、学术研究权、学生指导权、参与管理权和进修培训权等。这些法律意义上的教师权利,为教师专业自主行为规定了一个相对明确的范围和界限。如教师既可以自主选择教学内容与教学方法、开展关于教学改革的学术研究、规划自身的专业发展,也可以拒绝教育行政上的不当指挥对自身自主行为的干预等。国家在法律上所规定的教师专业自主权,为教师在教育教学实践活动中的专业自主行为提供了有效的权力基础。

(四)环境基础

教师专业自主的存在及其作用的充分发挥,需要具有适当的现实环境。高等教育体制的改革、高等教育办学自主权的下移以及三级课程管理体制的建立,为教师广泛而自觉地参与高等教育改革和发展提供了越来越广阔的空间。我们有理由相信,在当前高等教育改革的环境基础支持下,教师的专业自主越来越具有了实现的极大的可能性。

第三节 高校教师自主发展的实现策略

关于教师专业自主发展的实施策略,理智取向专业自主发展教师教育思想的倡导者强调加强教育理论知识构建的价值;实践—反思取向专业自主发展思想的主张者强调教师的专业自主发展要求教师应养成反思自己的教育实践,并不断改进自己的教育行动习惯;生态取向专业自主发展的主张则强调构建学习共同体、学习环境。综合各派观点,我们认为教师专业自主发展的实现策略主要包括以下几个方面。[①]

一、加强教育理论知识的建构

教师的专业发展是由准教师到新手再到能干型教师、最后再到专家型教师这样一个渐进的过程。在这一过程中,建构学科知识特别是教育理论知识是至关重要的,而读书恰恰是教师建构教育理论知识最有效的途径。教育教学改革首先是教师教育教学理念的变化。教育理论知识是生成教师教育理念的理论源泉,教师教育理念的生成过程是教师通过读书学习活动对社会倡导的教育理论解读、内化的过程。教师教育理论知识建构取决于以下方面:

第一,取决于这些教育教学理论能否有效地指导教师的教育教学实践。目前,教师在专业自主发展过程遇到的局面是:他们在大学里学习的教育学知识派不上用场,他们的教育教学方式还是回归到了他们的师傅——中小学教师那里。造成这种尴尬局面的主要原因是教师的学科

[①] 张庆荣,冯晓玲. 高校教师自主教学发展推进策略研究[J]. 中国多媒体与网络教学学报(电子版),2020(25):145-147.

知识与教育学知识没有实现有效整合。教师只有通过读书学习活动,才能实现两种知识的有效整合。

第二,取决于这些教育理论的学习能否给教师带来现实的利益。理论向成果的转化需要一个较长的周期。目前,教师对教育教学理论的学习未必能立竿见影地给他们带来现实的利益——学生分数的提高,这可能是当下一些教师忽视教育理论学习的重要原因。

第三,取决于教师现有理论水平的高低。据调查,目前中小学教师阅读教育理论书籍、杂志的状况非常令人担忧。教师对社会倡导的教育教学理论难以理解,就更谈不上理论的内化了。"一个理论不是认识,它只是使认识可能进行的手段;一个理论不是目的地,它只是一个可能的出发点;一个理论不是一个解决方法,它只是提供了处理问题的一种可能性。换句话说,一个理论只是随着主体思想活动的充分展开,而完成它的认识作用,而获得它的生命"。

二、培养教师的行动反思能力

培养教师的行动反思能力,首先应拓宽实践教学的渠道,使教师沉浸在教育实践情境之中。在真实的教育实践情境中,教师能够与学生的真实言行相接触,能够对现场产生困惑与惊奇,并通过现场试验来回应困惑,回应学生的言行。通过教育见习、实习、现场教学等实践环节,教师(或师范生)才能时刻关注学生在学习时所遭遇的惊讶之事,并对学生的言行感兴趣;通过教育见习、实习、现场教学等实践环节,教师(或师范生)才能亲身体悟教育问题的复杂性与多变性,不断增强自身体察教育问题与解决教育问题的能力;通过教育见习、实习、现场教学等实践环节,教师(或师范生)才能帮助学生将对问题的自发性理解与学校的权威性之事联系起来,更加科学地解决问题。

行动反思不仅包括行动中的反思,还包括对行动的理智之思。对于教师的行动反思能力的培养,养成撰写教育日志的习惯是很有价值的方法。通过教育日志,能够对自己的思想、感觉、自己或他人教育教学行为、教育现象、教育问题等进行及时反思与批判,这是对自我"前见"的反思与批判途径,是教师理解走向神话的过程。教育日志是为自己而写,不是为了迎合功利性的学术需求,教育日志的写作是教师与自己的思想信念、感觉进行交流的安全途径。通过教育日志的写作,教师能够检视自身"前见"与"前理解"的合法性,促进其专业实践性知识的有效生成。实践性知识的建构涉及整个脑部的运作,既包括右半球视觉、直觉与抽象能力,也包括左半球的语言能力与分析能力。通过教育日志这种自我反思的表达方式,对于脑功能的充分发挥具有重要价值。

三、构建教师专业发展学习共同体

所谓教师专业发展学习共同体,就是教师、共同的目标以及对所属团体的归属感而组织起来的学习共同体。在此团体中,教师打破孤立倾向,通过平等对话和讨论,分享专业意见及各种学习资源,以探究的精神来共同完成一定使命,最终实现教师专业发展的组织形式。教师专业发展学习共同体绝不是简单地把许多教师组合起来为一个任务或目标而工作或学习,而是共享和协作的组织。良好的教师专业发展学习共同体应具有共同的学习目标,相互学习和交流、相互信任,共享资源及优秀的教学经验,共同解决难题,共同有所进步并能促进共同体发展等特质。当然,在构建教师专业发展学习共同体时要注意共同成员的优化组合、整体搭配,如教师的性别、性格、年龄、知识结构、教龄、教学经验、教学水平和教学风格等,使他们在各方面达到优势互补,发挥团队和个人的最大潜力。

建构教师专业发展学习共同体,首先要建立共同的学习愿景。共同的学习愿景对于教师专业发展学习共同体是至关重要的,因为它为共同体内的学习提供了焦点和能量。在缺少共同愿景的情形下,共同体中的学习最多是适应性的学习,只有当人们致力于某种他们深深关切的事情时,才会产生创造性的学习,为共同体带来知识的创造。教师在共同体中,开始考虑问题更多是从自身的需要出发,每一个人开始都有自己的想法,要使这些想法朝向一个方向,形成共同愿景,协商就变得尤为重要。在教师专业发展学习共同体中,为了形成共同愿景,可以让教师充分表达自己的个人愿景。形成共同愿景之所以强调协商,是因为共同愿景不是共同体强加给某个人的,而是在尊重教师个人愿景的前提下,共同形成的得到大家认同的愿景。建构教师共同学习的愿景,首先,学校组织应为教师创设理论学习的条件,为教师教育理念的生成提供环境和组织支持,如为教师建立图书室、阅览室,为教师购买、订阅教育理论书籍、教育类报纸杂志等;其次,教育理论工作者应深入教育教学第一线,了解教师的所思、所为,创造出更具有实际指导意义和可读性的乡村教育作品,为乡村教师教育理念的生成提供高质量的理论源泉;最后,教师应不断加强教育理论的学习,不断提高自身的理论修养和政治觉悟,为自身先进教育理念的生成提供内部的动力支持。

建构教师专业发展学习共同体,应该建立健全共同的学习机制。教师专业化是一个渐进的、不断深化的过程。教师的专业成长是建立在教师主动自觉学习的基础上的,但其自觉性并不是自发的,其成长也要经历由他律到自律的过程,配以制度保障是完全必要的。首先,要根据教师发展的需要构建共同体组织,如组建教研组、备课组、专家组等。其次,学校组织要给各学习共同体提出建议,共同体要对其成员提出明确要求。如学校组织可以给共同体提出公开课、读书报告会、专题讨论、课题研究的次数、内容等建议;各共同体可以要求其成员每周进行一次教学学术交流,每学期写一份评课材料,每学年撰写一篇专题研究论文,青年教师和骨干教师每学期分别上一节汇报课和示范课等。最后,要建立相应的考核机制,学校组织可以组成有专家引领的考核小组对教师进行发展性考核,可以制定首席教师、学科带头人、骨干教师的评比方案。学校组织要对共同体的活动进行考勤、质量评估等。考核机制要充分体现其导向性和激励性,以真正使教师从"要我学"转变为"我要学"。

建构教师专业发展学习共同体,应该建立健全共同的学习氛围。教师的专业发展是通过教师的不断学习得以实现的。教师的学习不是储存型学习,而是应用型学习。教师的学习是与教学工作融于一体的,教师在教学实践中会遇到各种各样的问题,这些问题需要在学习中得到解决。因此,教师的学习是为了改进自己的教学学习,是针对自己的教学问题而进行的学习,是贯穿于整个教学过程中的学习。教师的学习与工作融于一体常常表现为教师的学习是以案例为载体的情境学习。情境学习理论的研究表明,学习就是情境性的认知。知识的学习离不开知识运用的情境,教师的学习是以案例为载体,将自己的知识学习与个人经验联系于一体,从知识剖析到知识内化再到知识创新的过程。作为一个学习共同体,不同教师之间在知识结构、思维方式、认知风格等方面均存在差异。每个教师的差异就是教学资源,差异就是合作学习的动力和源泉。在教师的学习共同体中,教师之间取长补短,互相帮助,从而实现了心与心的对话、思想与思想的碰撞,教师的专业素质必将获得共同的提高。

四、注重叙事研究与案例研究

叙事就是为了真实生活,编写自我与他人、自我与社会、过去与未来的故事。也就是用自己的语言讲述有意义的故事。教育叙事就是教育研究者以"故事"为载体,解读生动的教育生活背后的意义。运用教育叙事的研究方法,有助于教育研究者检视个人的教育观念、假说与信念的合理性。在教育领域,通过教育叙事,教师(未来教师)可以在行动的反思中,激活个人的智慧与公共理论知识相互作用的经历,以产出超越"主观"与"客观"断裂带的个人知识。教师的实践性知识存在于过去的经验中,存在于现时的身心中,存在于未来的计划与行动中,因而要真正理解教师教育观念假说、行动的合理性,就可以利用教育叙事的研究方法将自己的实践知识(隐性知识)显现出来。运用教育叙事的研究方法,还有利于教师把自己的生活置于更大的环境之中,教师个人的思想与行为是与他所处的社会环境分不开的,只有把自己放置到丰富、复杂、流动的社会环境之中,才能便于对个人与社会的理解。在教育叙事的研究中,教育研究者能以直接的、交互的方式走入教育世界,从而实现对同行、对学生、对领导、对社会乃至对整个世界的理解。在教学中,教育叙事的形式多种多样,既有撰写学习日志、学科论文、见习报告等书面形式,也有课题讨论、课题演讲、课题提问等口述形式。

教师在教育教学过程中所面临的往往是具体的和情境性的问题,这些问题通常还带有复杂性和不确定性的典型特征。教师仅有理论知识难以对这类问题做出合理的判断和决策。那么,如何才能弥补教育理论知识的不足呢? 参考其他专业领域成功地进行理论与实践相结合的学习方式,教育案例研究逐渐走进教师的教育教学活动,并成为促进教师专业成长的重要方法。教育案例研究主要是指对一个真实的教育教学活动情境的描述,其中含有明显教育教学疑难问题及矛盾冲突,也包括解决这些问题的方法和策略。教育案例研究一般由三部分构成:一是教育案例背景,包括间接背景和直接背景;二是教育案例事件,包括教育教学事件如何发生,问题表现是什么,真实原因何在;三是对教育案例事件的反思,包括问题解决中存在的利弊得失,出现了哪些新问题,如何进一步解决、收获和启示等。教育案例研究不仅为教师之间分享经验、加强沟通提供了一种有效方式,而且能促进教师对自身教育理念和教育教学行为的深度反思,因而成为教师专业自主发展的重要路径。

参考文献

[1]陈小荣.提高数学课堂教学反思有效性的策略[J].启迪(教育教学版),2017(1):47-48.

[2]窦坤,桑元峰.教师个体教学哲学的建构:高校教师自主发展的哲学解读[J].法学教育研究,2019,27(4):279-292.

[3]付晨光,曲学利.规划发展 成就卓越 高校中青年教师专业化发展的探索与实践[M].北京:知识产权出版社,2015.

[4]金凡晴.终身学习[J].求贤,2021(3):31.

[5]李月娥,石运章.高校ESP教师参与行动研究与教师发展的个案研究[J].教师教育学报,2018,5(5):118-124.

[6]刘乐乐,梅媛,贾玮莉.高校教师教学发展中心职能研究[J].内蒙古科技与经济,2021(16):27,29.

[7]施晶晖,陈浩彬,胡忠光.21世纪高校教师教育规划教材 教育心理学[M].南昌:江西高校出版社,2018.

[8]田伟力.教育叙事研究与教师发展[J].今日科苑,2010(8).

[9]王灿.基于教师专业情感的教师专业发展[J].现代职业教育,2019(34):264-265.

[10]王飞.教师专业知识的优化路径[J].集美大学学报(教育科学版),2020(5):22-27.

[11]王俊英,张志泉.反思性教学的内涵及实施策略[J].教学与管理,2010(3):122-123.

[12]吴萌,张琳静,肖聪阁.高校教师反思性教学的创新模式[J].教育

现代化,2019(43):41-42,47.

[13]徐军.情感引领 能力为重[J].中华少年,2018(29):88.

[14]许燕蔺.立德树人,师德为先[J].新教育,2018(25):1.

[15]张典兵.高校教师专业自主发展:结构与路径[J].现代教育科学,2012(7):62-64.

[16]张庆荣,冯晓玲.高校教师自主教学发展推进策略研究[J].中国多媒体与网络教学学报(电子版),2020(25):145-147.